WANDA &
MARTIN KRAUTTE

DEIN FRANKFURT AM MAIN

DROSTE

Hallo,
schön, dass du da bist!

Was macht ein Fräulein vom Amt?
Wie tarnen sich Riesen?
Wozu braucht man eine magische Laterne?
Und warum ist die Altstadt neu?

Die Antworten auf diese und viele weitere mausschlaue Fragen findest du in diesem Buch. Oder noch besser: wenn du mit diesem Buch auf Entdeckungsreise durch Frankfurt gehst! Denn in dieser Stadt ist richtig was los! Es gibt alles, was eine echte Großstadt ausmacht, vom riesigen Flughafen bis zu den höchsten Wolkenkratzern Deutschlands. Aber es gibt auch erholsame Natur, gleich zwei große Zoos, tolle Museen zu allen möglichen Themen und vor allem viel Action und vieles zum Mitmachen. Du findest heraus, wo die besten Orte zum Skaten, Klettern, Schwimmen oder Radfahren sind, erfährst, wie alt Frankfurt eigentlich ist und warum es hier so viele Banken gibt. Stärke dich zwischendurch mit leckeren Spezialitäten wie Frankfurter Würstchen oder Kartoffeln mit Grüner Soße! Und spätestens, wenn du ein paar Wörter auf Hessisch gelernt hast, bist du ein anerkannter Frankfurt-Experte.

Viel Spaß auf deiner Entdeckungstour!

Geschichte & Museen

Gebäude & Bauwerke

Tiere & Pflanzen

Spiel & Sport

Aktion & Erlebnis

Typisch Frankfurt

1

Historisches Museum Frankfurt, oder:

WARUM STEHT EINE TOILETTE IM MUSEUM?

Ein historisches Museum – klingt das etwas staubig? Keine Sorge: Dich erwartet eine spannende Zeitreise durch die Frankfurter Geschichte mit vielen Mitmachstationen. Gleich im Eingangsbereich zeigt dir eine riesige Schneekugel, was „typisch Frankfurt" ist: Geldstadt, heimliche Hauptstadt oder Dauerbaustelle heißen drei der insgesamt acht Stadtmodelle, die du von einem Roboterarm unter die gläserne Kuppel setzen lassen kannst.

Auch innen beschäftigt sich das Museum mit den Themen, die für Frankfurt seit Jahrhunderten prägend sind: „Geldstadt" oder „Weltstadt" zum Beispiel. Dabei gibt es ganz ungewöhnliche Ausstellungsstücke zu bestaunen. Die Toilettenschüssel von 1890 ist so ein Objekt. Sie erinnert daran, dass Frankfurt als erste Stadt Europas eine fortschrittliche Kanalisation hatte – eine wichtige Etappe auf dem Weg zur Großstadt. Ein Hingucker ist auch das stromlinienförmige Auto namens *Adler Autobahn*. Es wurde 1937 in Frankfurt gebaut und verdeutlicht Frankfurts Bedeutung als Industriestadt und Verkehrsdrehscheibe.

Frankfurt einst und jetzt

Bei rund 4000 Objekten entdeckst aber du noch viel mehr. Folge am besten den orange markierten „Familienspuren", die dich auch zu den zahlreichen Stationen zum Ausprobieren und Anfassen führen. Hier kannst du die Altstadt selbst

Info

HISTORISCHES MUSEUM FRANKFURT

Junges Museum Frankfurt
Saalhof 1
60311 Frankfurt am Main

Tel. (0 69) 21 23 55 99
www.historisches-museum-frankfurt.de

nachbauen oder dein Gesicht in die Porträtgalerie berühmter Frankfurter schmuggeln. Auch das heutige Frankfurt findet seinen Platz im Museum. Im bunten Frankfurter Stadtmodell wurde die Stadt aus ganz alltäglichen Gegenständen gebaut. Der Flughafen besteht zum Beispiel aus Fernbedienungen, die Universität aus Büchern oder das Gefängnis aus einer Mausefalle.

Junges Museum Frankfurt

Das *Junge Museum Frankfurt* mit seinen historischen Werkstätten und Spielräumen befindet sich in den Räumen des Historischen Museums. Hier kannst du selbst aktiv werden: drucken, Papier schöpfen, einkaufen in einem Kolonialwarenladen – so nannte man früher Geschäfte, die Waren aus fernen Ländern verkauften, kochen in Urgroßmutters Küche oder Salben anrühren in einer alten Drogerie. Mittwochnachmittags und am Wochenende hat mindestens einer dieser Spielräume geöffnet. Außerdem gibt es viele Veranstaltungen für dich und deine Freunde und es werden spannende Führungen für die ganze Familie angeboten. Die Ausstellungen im Museum wechseln, sodass es immer wieder Neues zu entdecken gilt.

Freier Eintritt für Kinder!

2

Deutsches Filmmuseum, oder:

WOZU BRAUCHT MAN EINE „MAGISCHE LATERNE“?

Was für Filme schaust du dir am liebsten an – Zeichentrick, Superhelden- oder Tierfilme, Science-Fiction? Im Filmmuseum erfährst du alles über Film und Kino: von den Vorläufern und den Anfangsjahren ohne Ton und Farbe bis zu modernen Studiotricks und Spezialeffekten.

Glatt und tiefschwarz glänzt er in einer Vitrine: Ist das wirklich …? Ja – das ist wirklich der echte Helm von Darth Vader, dem Bösewicht aus Star Wars! Okay, genau genommen ist es der Helm, den ein Schauspieler getragen hat, als dieser Film gedreht wurde. Denn Darth Vader ist nun mal eine Fantasiefigur. Solche Spielfilme sind ein bisschen wie moderne Märchen, die mit gewaltigem Aufwand in Filmstudios, zum Beispiel in Hollywood, produziert werden.

Das Filmmuseum zeigt aber nicht nur Requisiten aus solchen berühmten Filmen. Vor allem erzählt es dir die Geschichte der bewegten Bilder, die lange vor der Erfindung des Kinos beginnt. Und du erfährst, wie Filme gemacht werden. Dazu startet die Ausstellung mit einer Zeitreise zurück um etwa 400 Jahre. Damals beschäftigten sich viele Wissenschaftler und Erfinder mit Optik, also der Wissenschaft vom Licht und wie man es wahrnimmt. Sie verwendeten Spiegel, gläserne Linsen und Prismen aber nicht nur für Mikroskope oder Ferngläser, sondern bald auch für Spielzeug, in der Kunst oder zur Unterhaltung. Ganz besonders reizte es die Erfinder, mit technischer Hilfe Bilder lebendig werden zu lassen: der Ursprung von Film und Kino.

Eine begehbare Kamera!

In diesem Teil des Museums kannst du experimentieren und sehen, wie solche frühen „bewegten Bilder" funktionieren: an Kaleidoskopen, Guckkästen, Daumenkinos oder sogenannten Wundertrommeln. Der Trick dabei ist immer, dem Auge einzelne Bilder eines Bewegungsablaufs schnell hintereinander zu zeigen. Ab etwa 15 Bildern pro Sekunde schaffen Auge und Gehirn es nicht mehr, die Einzelbilder getrennt wahrzunehmen – du siehst eine Bewegung. Damit es nicht ruckelt, hat ein Kinofilm sogar 24 Bilder pro Sekunde! Du erfährst hier auch, was eine *Laterna magica* ist: nämlich der Vorläufer aller Film- und Videoprojektoren. Oder eine *Camera obscura:* In diese „dunkle Kammer" kannst du sogar selbst hineingehen – und siehst ein Bild der Außenwelt. Es wird durch eine kleine Linse auf dem Kopf stehend an die Wand geworfen. So ähnlich funktionieren alle Film- und Fotokameras. Dieser Teil deiner Zeitreise endet mit den frühen Tagen des Kinos um 1900. In einem kleinen Vorführraum laufen kurze Filme aus dieser Zeit und du wirst staunen, was für verrückte Einfälle die Filmemacher schon damals hatten!

Auf dem Planeten der Insekten

Im zweiten Teil kannst du richtig in die Welt des Kinos eintauchen: Auf vier großen Leinwänden läuft dort eine Collage aus Filmausschnitten. Dabei geht es immer darum, wie in Filmen durch Farben, Schnitt, Perspektiven oder Musik die Geschichten viel spannender erzählt werden können: zum Beispiel, wenn sich ein Bösewicht schon durch eine bestimmte Melodie ankündigt, bevor er überhaupt im Bild zu sehen ist. Drum herum zeigen dir viele Exponate, wie Filme entstehen und was man dafür alles braucht: Kostüme für die Schauspieler, Drehbücher, in denen alle Dialoge eines Films aufgeschrieben sind, Szenenbilder für die Kulissen im Studio und die comicartigen Storyboards. Wirklich cool sind die Stationen, wo du selbst Spezialeffekte ausprobieren kannst: Du stehst vor einem grünen Studiohintergrund, aber durch die Kamera und auf dem Bildschirm siehst du dich auf einem Wüstenplaneten zwischen gruseligen Rieseninsekten – verrückt! Es gibt im Filmmuseum so viel zu entdecken, dass es sich lohnt, an einer Führung teilzunehmen. Besuche auch das „offene Filmstudio" oder melde dich für einen Workshop an, um unter Anleitung von Profis selbst mit Film und Video zu experimentieren!

Info

DEUTSCHES FILMMUSEUM
Schaumainkai 41
60596 Frankfurt am Main

Tel. (0 69) 9 61 22 02 20
www.deutsches-filminstitut.de/filmmuseum

Thaumatrop (Zwirbelscheibe)

Die bewegten Bilder im Film nutzen die Trägheit des Auges. Was damit gemeint ist, kannst du mit einem Thaumatrop, auch Zwirbelscheibe oder Wendebild genannt, ganz einfach selbst herausfinden. Dieses Spielzeug gibt es schon lange, das Filmmuseum zeigt schöne alte Zwirbelscheiben in seiner Ausstellung. Wie funktioniert es? Je schneller die Scheibe mithilfe einer Schnur oder eines Gummis an den beiden Enden gedreht wird, umso mehr scheinen die Bilder auf den zwei Seiten der Scheibe zu einem zu verschmelzen. Um dir selbst ein Thaumatrop zu basteln, brauchst du nur Papier, Schere, Stifte und ein Stück Schnur oder zwei Gummibänder.

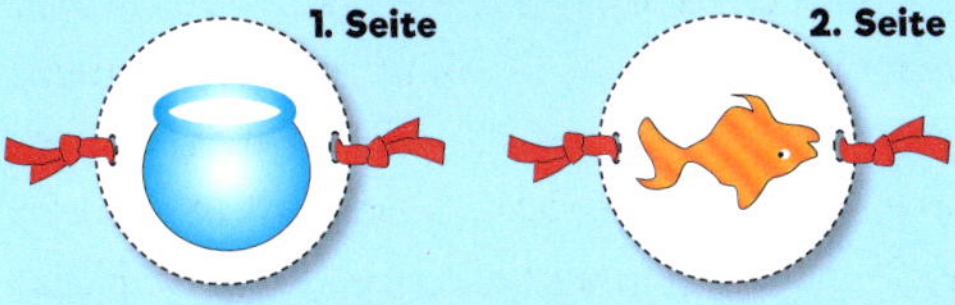

Zuerst zeichnest du einen Kreis von etwa 9 Zentimetern Durchmesser auf kräftiges Papier oder Karton. Dann schneidest du die Drehscheibe aus. Auf die Vorder- und Rückseite des Thaumatrops malst du jeweils verschiedene, aber zusammengehörende Bilder: zum Beispiel ein Tier und seinen Käfig, ein Gesicht und eine Brille oder einen Tänzer und seine Partnerin. Wichtig ist, dass auf einer Seite die Zeichnung auf dem Kopf steht! Rechts und links, genau auf der Hälfte der Scheibe, machst du kleine Löcher in die Papierscheibe. Darin befestigst du je ein Gummiband oder die Schnur. Halte die Gummienden fest, verzwirble sie und lass sie dann los: Die Scheibe dreht sich schnell und die aufgezeichneten Bilder verschmelzen zu einem – die Brille sitzt auf dem Gesicht, das Tier im Käfig, das Paar tanzt zusammen!

EXPERIMENT

3

Senckenberg Naturmuseum, oder:
WIE VIEL DINO STECKT IN EINEM VOGEL?

Die ganze Erde in einem Museum? Im Senckenberg Naturmuseum findest du genau das. Hier geht's um Vulkane und Erdbeben, um Tiere und Menschen, um Pflanzen und Planeten. Wetten, dass dich die größte Dino-Ausstellung Deutschlands zum Staunen bringt?

Für mehrere Millionen Jahre haben Dinosaurier die Erde bevölkert. Im Senckenberg Naturmuseum lernst du etliche von ihnen kennen – 18 Skelette oder Abgüsse der Urzeitriesen werden hier ausgestellt. Der Diplodocus longus war von Kopf bis Schwanz 18 Meter lang. Der Supersaurus brachte es sogar auf 30 bis 35 Meter und wog so viel wie 13 Elefanten – und das als Pflanzenfresser! Von ihm ist zwar nur ein Unterschenkel zu sehen, aber der allein ist schon haushoch. Und natürlich der Tyrannosaurus Rex, eines der gefährlichsten Raubtiere, das je auf der Erde gelebt hat. Zum Glück vor über 65 Millionen Jahren! Und wenn du immer schon wissen wolltest, wie groß Dino-Häufchen wohl waren: Auch darauf bekommst du hier eine Antwort.

Vielfalt durch Evolution

Forscher haben herausgefunden, dass unsere heutigen Vögel Verwandte der Dinos sind. Sie stammen von den zweibeinigen Raubdinosauriern wie dem Velociraptor ab. Der Urvogel heißt Archaeopteryx und lebte vor 150 Millionen Jahren – eine Versteinerung findest du im Museum. Wie ein Vogel hatte er Flügel und Federn. Allerdings besaß er auch Zähne, scharfe Krallen und einen langen knöchernen Schwanz wie ein Dinosaurier. Im Laufe der Jahrmillionen bildeten sich die Saurier-Merkmale zurück: Der Caudipteryx zum Beispiel hatte schon einen kürzeren Schwanz, weniger Zähne und mehr Federn. Diese schrittweise Veränderung von Lebewesen nennt man Evolution. Das ist der lateinische Begriff für Entwicklung. Auch wir Menschen sind ein Produkt der Evolution. Im Museum findest du dazu einen eigenen Raum. Das Skelett in der Vitrine heißt Lucy. Die kleine Dame lebte vor 3,6 Millionen Jahren im heutigen Äthiopien. Sie konnte

In den Ferien gibt es Familienführungen !

bereits aufrecht laufen, aber ihr Gehirn war noch recht klein. Um sie herum siehst du eine Galerie aller Urmenschen. Kannst du sehen, wie sich die Köpfe der Menschen seit Lucy verändert haben?

Riesen und Zwerge

Sehr beeindruckend sind auch die Skelette der größten Tiere, die heute auf der Erde leben: Das Skelett des Finnwals mit dem riesigen Maul ist 22 Meter lang. Neben ihm steht das größte Landtier, der Afrikanische Elefant. Aber auch kleine Tiere sind faszinierend. Schau mal in der Insektensammlung vorbei: Hier siehst du allerhand Käfer, Heuschrecken, Fliegen, Libellen, Ameisen oder Schmetterlinge. Ihre Vielfalt an Größen, Formen und Farben ist unglaublich groß. Diese Fülle der verschiedenen Arten, die auf der Erde leben, möchte das Museum dir als Besucher nahebringen. Es ist Teil einer großen Forschungseinrichtung, dem Senckenberg-Forschungsinstitut. 300 Wissenschaftler beschäftigen sich mit der Vielfalt des Lebens auf der Erde. So tragen sie dazu bei, die Erde und was darauf passiert besser zu verstehen.

Das Museum besteht seit 200 Jahren !

Vielleicht triffst du einen der Naturforscher bei einer der vielen Veranstaltungen, die im Museum angeboten werden. Das aufregendste Erlebnis im Museum ist aber die Taschenlampenführung nachts!

Info

SENCKENBERG FORSCHUNGSINSTITUT UND NATURMUSEUM
Senckenberganlage 25
60325 Frankfurt am Main
Tel. (0 69) 75 42-0
www.senckenberg.de

Dein Vulkan

Im Naturmuseum ist dir bestimmt das Rauch spuckende Vulkanmodell im Bereich *Historische Geologie* aufgefallen. Daneben steht ein Querschnitt der Erde. Du siehst, unterhalb der festen Erdkruste befindet sich unfassbar heißes Magma – so nennt man flüssiges Gestein. Es steht unter einem ziemlich hohen Druck, ähnlich wie eine Sprudelflasche, die du ein paarmal schüttelst. Wenn der Druck zu hoch geworden ist, steigt das Magma zum Beispiel durch Spalten in der Erdkruste nach oben.

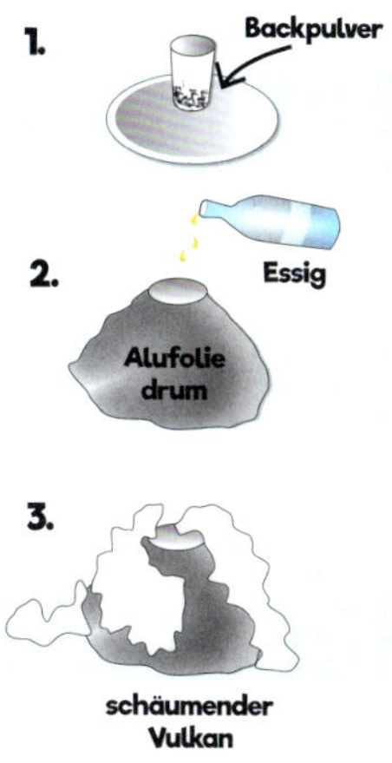

Mit dem folgenden Experiment kannst du die Geschehnisse in einem Vulkan nachvollziehen. Zuerst bastelst du den Vulkan: Nimm einen kleinen Teller und stell ein nicht zu großes, eher engeres Glas oder eine Vase hinein. Sicherheitshalber klebst du das Glas mit einem (doppelseitigen) Klebeband fest. Das Glas füllst du zu einem Drittel mit Backpulver. Darauf kannst du etwas rote Lebensmittelfarbe tropfen (es funktioniert aber auch ohne Farbe). Dann nimm zwei Bögen Alufolie, leg sie über die Konstruktion und schlag sie unter dem Teller zusammen oder klebe sie fest. An der Glasöffnung machst du ein Loch in die Alufolie, damit die Lava später herausströmen kann. Fertig ist der Vulkan. In einen kleinen Messbecher gibst du nun ein paar Esslöffel Essig und füllst ihn in den Vulkan. Mit dem Löffel kurz umrühren und – Achtung – der Vulkan bricht aus! Du kannst ein paarmal Essig nachfüllen und das Schauspiel beobachten. Was ist passiert? Der Essig reagiert mit dem Backpulver. Dabei entsteht Kohlendioxid, also ein Gas, das die ganze Masse so stark zum Schäumen und Aufsteigen bringt, dass sie über den Glasrand fließt.

EXPERIMENT

4

Struwwelpeter Museum, oder: WARUM SCHREIBT EIN ARZT EIN KINDERBUCH?

„Sieh einmal, hier steht er. Pfui! Der Struwwelpeter!“ Diese berühmte Zeile wurden 1844 vom Frankfurter Arzt Doktor Heinrich Hoffmann geschrieben. Weil der Struwwelpeter bis heute eines der bekanntesten deutschen Kinderbücher ist, hat er hier ein eigenes Museum bekommen. Rund um die haarige Hauptfigur erwarten dich viele Spiele und ein großes Verkleidungszimmer.

Eigentlich war Doktor Hoffmann auf der Suche nach einem Weihnachtsgeschenk für seinen dreijährigen Sohn, fand in den Geschäften aber nur „endlos lange Märchen“ oder andere ungeeignete Werke.

Papa schreibt ein Bilderbuch

Da er Gedichte schrieb und zudem ein talentierter Zeichner war, gestaltete er kurzerhand selbst ein Bilderbuch. Ein Renner! Das Buch erschien in vielen Ländern. Allein in deutscher Sprache wurden 30 Millionen Exemplare verkauft. Damit ist der Struwwelpeter bis heute eines der erfolgreichsten Kinderbücher.

Im Museum erwartet dich ein wahrer „Struwwelkosmos“: Ausstellungsstücke, Informationen und Geschichteninseln mit Spielen erzählen über Struwwelpeter & Co. Auch über Doktor Hoffmanns interessantes Leben erfährst du einiges. Einmal wie Struwwelpeter aussehen? Kein Problem: Auf der Kinderebene findest du Kostüme, Perücken und Requisiten zu allen Figuren des Bilderbuchs und kannst die Geschichte selbst aufführen. Es gibt Mitmachführungen und ein um-

Info

STRUWWELPETER MUSEUM
Hinter dem Lämmchen 2-4
60311 Frankfurt am Main
Tel. (0 69) 74 79 69
www.struwwelpeter-museum.de

fangreiches Veranstaltungsprogramm für dich und deine Familie.

Unfälle und Krankheiten vermeiden

Die Geschichten erscheinen dir womöglich ziemlich grausam. Paulinchen zum Beispiel spielt mit Streichhölzern und verbrennt, Konrad lutscht am Daumen, der ihm deshalb vom Schneider abgeschnitten wird. Im Museum erfährst du aber, dass der Arzt mit diesen warnenden Bildgeschichten seinen kleinen Patienten wichtige Regeln auf den Weg geben wollte: Denn damals kamen viele Kinder durch Feuer ums Leben und durchs Daumenlutschen konnten schlimme Krankheiten übertragen werden, an denen manche auch starben! Hoffmann war sich sicher, dass die abschreckenden Bilder bei den Kindern besser im Gedächtnis blieben als mahnende Worte.

Das Buch gibt es in über 45 Sprachen!

5

Verkehrsmuseum Frankfurt, oder:

WER STIEG FREIWILLIG IN DIE KNOCHENMÜHLE?

Ohne öffentlichen Nahverkehr, der jeden Tag Hunderttausende Menschen befördert, würde in einer Metropole wie Frankfurt der Verkehr zusammenbrechen. Im Museum der Verkehrsgesellschaft Frankfurt (VGF) erfährst du alles über die Geschichte der Busse und Bahnen in der Stadt – und kannst ausprobieren, wie sich die Hebel und Knöpfe im Führerstand einer echten Straßenbahn anfühlen!

Was wäre eine richtige Großstadt ohne eine U-Bahn? Du steigst ein paar Treppen hinunter in die unterirdische Station – schon kommt ein Zug angezischt und bringt dich ruckzuck an dein Ziel am anderen Ende der Stadt! Während du durch den Tunnel saust, hast du Zeit, mal nachzudenken: Seit wann gibt es wohl Straßenbahnen und U-Bahnen in Frankfurt? Wie baut man eigentlich U-Bahn-Tunnel mitten durch eine Stadt und unter einem Fluss hindurch? Und waren die Bahnen immer schon so schick und bequem wie heute? Zum Glück hat die Verkehrsgesellschaft Frankfurt, die hier die Bahnen betreibt, ihre alten Züge nicht alle verschrottet, sondern ins Museum gestellt, nämlich in das Verkehrsmuseum im südlichen Frankfurter Stadtteil Schwanheim.

Auf der Holzbank

Im Museum erfährst du außerdem auch viel Interessantes über die Geschichte des Frankfurter Nahverkehrs. Zum Beispiel, dass die Frankfurt-Offenbacher Trambahn 1884 die erste elektrische Straßenbahn in Deutschland war. Aller-

Info

VERKEHRSMUSEUM FRANKFURT AM MAIN

Rheinlandstraße 133
60529 Frankfurt am Main

Tel. (0 69) 2 13-2 30 39
www.hsf-ffm.de/verkehrsmuseum-frankfurt

dings rumpelten die kleinen Waggons mit ihren Holzbänken so erbärmlich, dass die Fahrgäste die Bahn im Scherz „Knochemiehl" nannten. Das ist hessisch und heißt Knochenmühle. Sie war trotzdem ein Erfolg: Bis heute führt eine Straßenbahnlinie durch Oberrad nach Offenbach, jetzt zum Glück mit modernen Wagen! Das Museum zeigt nicht nur echte Straßenbahnen aus verschiedenen Jahrzehnten, sondern auch viele Modelle, einige alte Busse sowie Exponate aus Stellwerken und Werkstätten. Im originalen Führerstand einer Straßenbahn aus den 1950er-Jahren darfst du Fahrschule spielen: Mit einem großen Hebel wählst du die Geschwindigkeit – vergiss nicht, die Fußgänger und Autos mit der Klingel zu warnen! Und zu besonderen Anlässen werden auch alte Bahnen aus dem Depot geholt – für Sonderfahrten kreuz und quer durch Frankfurt, zum Beispiel mit dem Nikolaus-Express immer zur Vorweihnachtszeit.

Ganz früher zogen Pferde die Waggons !

Banken, oder:

WAS HAT FRANKFURT MIT DEINEM SPARBUCH ZU TUN?

Frankfurt ist einer der größten Finanzplätze der Welt. Das bedeutet, dass es hier viele Banken und andere Institutionen gibt, die sich mit Geld beschäftigen. Außerdem werden hier wichtige Entscheidungen über Geld getroffen. Warum eigentlich gerade in Frankfurt?

Schon vor 400 Jahren war Frankfurt ein beliebter Handelsplatz für Kaufleute aus ganz Europa. Sie brachten ganz verschiedene Münzen aus ihren jeweiligen Ländern mit. Also mussten die Kaufleute erst einmal den Wert der wichtigsten Münzsorten aushandeln. Ihre Versammlungen nannten sie später „Börse" und legten damit den Grundstein für den Finanzplatz Frankfurt. Einige Kaufleute gründeten Banken – sie handelten nicht mehr mit Waren, sondern mit Geld.

Auf und Ab mit Bulle und Bär

Heute werden an der Frankfurter Börse hauptsächlich Aktien gehandelt. Das sind kleine Anteile, die man von bestimmten Firmen kaufen kann. Wenn es der Firma gut geht und sie viel verkauft, dann steigt der Wert ihrer Aktie. Wenn nicht, dann sinkt er. Die Bronzefiguren *Bulle und Bär* vor dem Börsengebäude stehen für dieses Auf und Ab: Der Bulle streckt die Hörner in den Himmel – die Börsenkurse wurden kräftig nach oben getrieben. Der Bär hingegen senkt den Kopf – die Börsenkurse sind eingebrochen.

Frankfurt – Bankfurt

Die Börse und die Banken prägen auch heute noch die Stadt. Kein Wunder, dass man Frankfurt den Spitznamen „Bankfurt" gab. Die wichtigste deutsche Bank ist die Deutsche

Bundesbank. Sie hat ihren Sitz in Frankfurt. Das brachte immer mehr Banken dazu, sich in ihrer Nähe anzusiedeln. Knapp 200 Banken sind es heute insgesamt. Ihnen gehören viele der Hochhäuser, die du in Frankfurt siehst. Eines davon ist die Europäische Zentralbank. Hast du ein Sparbuch? Wenn du dort Geld einzahlst, bekommst du am Ende eines Jahres von deiner Bank Zinsen ausgezahlt. Das ist ein kleiner Betrag dafür, dass du der Bank dein Geld überlassen hast. Die Höhe dieser Zinsen wird von der Europäischen Zentralbank in Frankfurt für alle Länder, die mit Euro bezahlen, festgelegt.

Den Euro gibt es seit 1999 !

6

Geldmuseum, oder:

WANN WAREN ALLE DEUTSCHEN MILLIARDÄRE?

Knete, Zaster, Mäuse, Moneten – im Geldmuseum der Deutschen Bundesbank geht es nicht nur um Münzen und Scheine. Du lernst unter anderem, wie Banken arbeiten, warum die Deutschen eine Zeit lang Geldscheine zum Heizen benutzten, und du kannst einen echten Goldbarren anfassen!

Stell dir vor, es gäbe kein Geld. Wenn du dir ein Eis kaufen möchtest, müsstest du es gegen etwas anderes eintauschen – vielleicht gegen ein Stück Kuchen? Viele Jahre haben die Menschen solche Tauschhandel betrieben. Aber vor 2600 Jahren kam König Krösus aus Lydien auf die Idee, die ersten Münzen aus purem Gold und Silber zu gießen. Bis heute sagt man, jemand ist „reich wie Krösus". Im Münzkabinett siehst du eine beeindruckende Sammlung von Münzen der letzten Jahrtausende. Es gab aber auch so ungewöhnliche Zahlungsmittel wie Kaurischnecken aus der Südsee oder Salzbarren aus Äthiopien.

Fühlen, sehen, kippen

Heute zahlst du dein Eis ganz einfach in Euro. In elf Ländern gilt die Währung. In Deutschland darf nur die Bundesbank Geld herstellen. Wie aufwendig das ist, siehst du in der Abteilung Bargeld: Spezielles Papier, Wasserzeichen, Hologramme, Metallfäden und vieles mehr sorgen dafür, dass der Euro nicht leicht nachzumachen ist. Versucht wird es natürlich trotzdem. Im „Labor" wirst du selbst zum Falschgeld-Detektiv. Durch „Fühlen, sehen, kippen" erkennst du, ob du nicht doch einen eine sogenannte Blüte vor dir hast.

Ein Brot für 230 Milliarden Mark

Jetzt fragst du dich sicher, warum die Bundesbank denn nicht einfach so viel Geld druckt, dass alle genug davon haben. Vor fast 100 Jahren hat man das in Deutschland versucht: Immer mehr Geld wurde gedruckt. Wenn aber alle alles kaufen können, werden die Waren schnell knapp. Die Folge: Die Händler erhöhen die Preise, weil die Menschen ja nun mehr Geld dafür bezahlen können. Am Ende kostete im Jahr 1923 ein Brot 230 Milliarden Reichsmark! Die Menschen waren Milliardäre, aber ihr Geld war kaum etwas wert. Der Fachbegriff dafür ist Inflation. Im Inflationszimmer siehst du, dass die Menschen damals das Geld lieber zum Heizen verwendeten. Heute ist es eine Aufgabe von Zentralbanken wie der Deutschen Bundesbank, dass so etwas nicht noch einmal passiert. Sie sorgt dafür, dass das Geld stabil bleibt.

Der Goldbarren wiegt 12,5 Kilogramm !

Ein Goldschatz in Frankfurt

Frag am Eingang nach einem Bogen für die Kinderrallye !

Eine ganz stabile Währung ist Gold. Viele Länder legen ihre eiserne Reserve daher nicht auf ein Sparbuch, sondern kaufen dafür Gold. Auch die Bundesrepublik Deutschland macht das. Die Bundesbank hütet den zweitgrößten Goldschatz der Welt! Mehr als 270.000 Goldbarren besitzt die Bundesbank. Die Hälfte davon liegt hier in Frankfurt. Einen Barren haben sie für das Museum aus dem Tresor geholt: Versuch mal, ihn hochzuheben – ganz schön schwer!

Anfassen und Mitmachen sind im Museum oft möglich. Viele Multimedia-Stationen warten auf dich mit Spielen und Rätseln. Spezielle Kindervitrinen erzählen lustige und interessante Fakten. Zum Beispiel, dass eine Zeit lang Pfeffer so wertvoll wie Gold war oder dass Menschen vor 400 Jahren für eine Tulpe so viel gezahlt haben wie für ein Haus. Und einen Blick in das 360-Grad-Kino solltest du auch nicht verpassen.

Info

GELDMUSEUM DER DEUTSCHEN BUNDESBANK

Wilhelm-Epstein-Straße 14
60431 Frankfurt am Main

Tel. (0 69) 95 66-30 73
www.geldmuseum.de

Geldwäsche

Im Geldmuseum hast du gelernt, dass Münzen früher aus Gold oder Silber waren. Das ist bei unseren Euromünzen nicht mehr der Fall. Die Ein-, Zwei- oder Fünf-Cent-Münzen, um die es in diesem Experiment geht, bestehen innen aus Stahl, der mit einer Schicht Kupfer überzogen wurde. Jetzt schau mal in deinem Geldbeutel oder im Sparschwein nach. Bestimmt findest du ein paar Kupfermünzen, die etwas alt und glanzlos aussehen. Lust auf eine Geldwäsche der besonderen Art? Dazu brauchst du ein Glas, Essig, Salz, Gummihandschuhe, eine Pinzette und einen Eisennagel. Und natürlich ein paar Kupfermünzen. In das Glas gibst du etwa 100 Milliliter Essig und verrührst ihn mit einem halben Teelöffel Salz. Nimm dir ein Geldstück, tunk es mit der Pinzette bis zur Hälfte in die Flüssigkeit und zähl bis zehn. Wie sieht die Hälfte aus, die im Essig war, wenn du die Münze wieder rausnimmst?

Erklärung: Wenn so ein Fünf-Cent-Stück eine Weile im Gebrauch ist, verdunkelt sich die einst glänzenden Münze. Auf der Oberfläche ist sogenanntes Kupferoxid entstanden. Essig ist eine Säure. Sie reagiert mit dem Salz und fängt dann an, das Kupferoxid wieder abzulösen. Deine Münze glänzt daher wieder wie neu. Wasch sie mit Wasser ab.

Jetzt machst du ein zweites Experiment: In das Essig-Salz-Gemisch legst du ein paar Kupfermünzen und gibst einen silberfarbenen Eisennagel dazu. Warte ein paar Stunden – welche Farbe hat der Nagel? Er ist kupferfarben! Der Essig löst nämlich beim Reinigen der Münzen etwas Kupfer ab. Die kleinen Kupferteilchen werden vom Metall des Nagels angezogen, sodass dieser gleich etwas edler und älter aussieht. Diesen Trick wenden auch Fälscher gerne an.

EXPERIMENT

7

Das Städel Museum, oder:
HATTE GOETHE WIRKLICH ZWEI LINKE FÜßE?

Das Städel ist ein Kunstmuseum mit einer weltbekannten Gemäldesammlung. Doch hier gibt es nicht nur viele Bilder berühmter Maler aus über 700 Jahren Kunstgeschichte zu bewundern. Bei Aktivitäten wie Atelierkursen oder Kinderführungen erfährst du, wie Kunstwerke entstehen, was sie bedeuten – und kannst auch selbst den Pinsel schwingen!

Der Name *Städel* hat nichts mit „Städtchen" oder „Heustadl" zu tun, sondern mit der Gründung des Museums vor mehr als 200 Jahren. Es wurde nämlich 1815 von dem reichen Frankfurter Kaufmann Johann Friedrich Städel gestiftet: Bevor er starb, wünschte er sich, dass man mit seinem Geld ein öffentliches Museum für seine Gemäldesammlung baut. So geschah es und seit 1878 steht das Städel am heutigen Platz am Mainufer. Seit damals hat sich allerdings auch einiges verändert. Bevor du ins Museum hineingehst, kannst du einen Blick um die Ecke in die Dürerstraße werfen. Der Innenhof sieht ziemlich interessant aus: eine Wiese mit einer Beule in der Mitte und lauter gläsernen Kuppeln! Was es damit wohl auf sich hat? Lass dich überraschen – erst mal geht es durch den Eingang vorbei an einer Marmorbüste des Stifters in ein großes Treppenhaus.

Ein Bild, zwei Maler

Die Sammlung beginnt im ersten Stock gleich mit einem berühmten Bild, das du vielleicht schon mal woanders gesehen hast: Der Dichter Johann Wolfang Goethe, auch ein gebürtiger Frankfurter, liegt da bequem auf einem Stein vor einer italienischen Landschaft. Das Bild ist schon über 200 Jahre

alt und der Maler hatte den witzigen Nachnamen Tischbein. Wenn du genau hinschaust, kannst du ein paar Merkwürdigkeiten entdecken: Der Oberschenkel von Goethe ist eigentlich viel zu lang – und er hat zwei linke Füße! Das liegt wahrscheinlich daran, dass Tischbein das Bild nicht selbst ganz fertig malen konnte. Wer auch immer das Bild dann vollendet hat, malte einfach den rechten Fuß genau wie den linken.

Hier auf der ersten Etage siehst du Bilder aus der Zeit von 1800 bis zur Hälfte des letzten Jahrhunderts. Fällt dir auf, wie sich die Malerei von Saal zu Saal stark verändert? Die älteren Bilder sehen eher realistisch aus, bei den späteren Bildern scheint es, als ob die Künstler immer etwas Neues, noch Verrückteres ausprobieren wollten: Da schwanken die Häuser wie bei dem Frankfurt-Bild von Max Beckmann oder Farben wirken grell und plakativ wie bei Ernst Ludwig Kirchners Bild *Die Schwestern*. Das hat auch damit zu tun, dass im 19. Jahrhundert die Fotografie erfunden wurde. Gemälde mussten nicht mehr möglichst „echt“ wirken – dafür gab es ja Fotos. Jetzt versuchten die Maler zum Beispiel, Eindrücke festzuhalten (diese Maler nennt man Impressionisten) oder ihre Gefühle im Bild auszudrücken (sie nennt man Expressionisten).

Eintritt frei für alle unter 12 !

Madonnen, Fürsten und ein Geograf

Auf der zweiten Etage bekommst du eine Ahnung, wie Museen vor 200 Jahren ausgesehen haben: Im Foyer hängen die Bilder wie damals dicht an dicht – nicht mit so viel Platz drum herum wie heute. Viele der ganz alten Gemälde auf dieser Etage stammen aus Kirchen, daher zeigen sie oft Jesus, Maria, Heilige oder Figuren aus der Bibel. Später haben Maler häufig Fürsten oder Prinzessinnen gemalt, aber auch den Alltag in Häusern und Dörfern. Vielleicht findest du auch Bilder, die zeigen, wie Kinder früher gelebt haben? Du siehst auch, dass die Maler mit der Zeit lernten, Licht und räumliche Wirkung immer besser darzustellen, zum Beispiel der Niederländer Johannes Vermeer in seinem Bild *Der Geograf* von 1669.

Und zum Schluss kannst du natürlich noch entdecken, was es mit der Wiese, der Beule und den Lichtkuppeln auf sich hat: Darunter befindet sich nämlich ein weiterer riesiger Saal, in dem Werke von heutigen Künstlern gezeigt werden. Möchtest du mehr über bestimmte Bilder erfahren? Das Städel Museum bietet einen speziellen Audioguide für Kinder an. Außerdem gibt es spannende Familienführungen, Märchenreisen und Atelier-Workshops, bei denen du selbst kreativ werden kannst!

Info

STÄDEL MUSEUM
Schaumainkai 63
60596 Frankfurt am Main

Tel. (0 69) 60 50 98-2 00
www.staedelmuseum.de
Einlass für Kinder ab 6 Jahre

Museumsbingo

Kunstmuseen wie das Städel können etwas einschüchternd wirken: Es gibt so viele Gemälde, dass man gar nicht weiß, wo man anfangen und worauf man achten soll. Die Erwachsenen bewegen sich leise und andächtig von Saal zu Saal. Die Rettung: Museumsbingo! Man muss sich aber etwas vorbereiten, denn jeder, der mitspielt, braucht eine Bingokarte und einen Bleistift. Die Bingokarte ist ein Blatt kräftiges Papier im A4-Format. Darauf malt ihr ein möglichst großes Quadrat mit fünf mal fünf Kästchen, insgesamt also 25. Das Kästchen in der Mitte bleibt leer. In die restlichen schreibt ihr immer einen der folgenden 24 Begriffe pro Kästchen, und zwar NICHT der Reihe nach, sondern durcheinander und auf jeder Karte anders!

Ein Porträt	Eine Stadt	Schnee	Etwas Abstraktes	Etwas Blaues
Selbstporträt eines Künstlers	Eine Menschengruppe	Ein Liebespaar	Ein Kind	Ein Hund
Etwas Kleines	Etwas Merkwürdiges		Etwas Buntes	Blumen
Etwas Großes	Etwas Schwarzes	Etwas zum Essen	Würde ich in mein Zimmer hängen	Eine Skulptur
Eine Landschaft	Etwas Lustiges	Etwas Gruseliges	Etwas Trauriges	Ein Engel

Nun macht ihr euch auf die Suche nach passenden Bildern zu den Begriffen. Je nachdem, wie viel Zeit ihr habt, gibt es zwei Möglichkeiten: Entweder ihr spielt, bis einer eine senkrechte oder waagerechte Reihe abgehakt hat oder bis einer das ganze Blatt komplett hat. Und damit es gerecht zugeht, muss jeder, der ein passendes Kunstwerk gefunden hat, es den anderen zeigen und seine Wahl kurz erklären, bevor er das Kästchen abhaken darf. Das geht manchmal schnell, zum Beispiel bei „etwas Blaues". Ein andermal ist die Begründung – zum Beispiel, warum du etwas lustig oder traurig findest – auch ein guter Beginn, um sich über ein Bild zu unterhalten!

8

Museum für Kommunikation, oder:

WAS MACHT EIN FRÄULEIN VOM AMT?

Im Museum für Kommunikation geht es um bahnbrechende Erfindungen wie Telefon, Radio und Fernsehen. Finde heraus, was der merkwürdige Satz „Das Pferd frisst keinen Gurkensalat" damit zu tun hat und wie man ein 100 Jahre altes Telefon ganz ohne Display bedient.

Seit es die Menschen gibt, tauschen sie sich untereinander mit Sprache oder Zeichen aus. Der Fachbegriff dafür ist Kommunikation, was vom lateinischen Begriff für Mitteilung, *communicato*, abstammt. Schon ganz früh verwendeten Menschen dafür Trommeln, Pfeifen oder Rauchzeichen, um sich über größere Entfernungen hinweg auszutauschen. Mit der Erfindung der Schrift vor ungefähr 6000 Jahren war es möglich, Informationen auch aufzuschreiben und weiterzugeben. Die hatte mit den Buchstaben, die wir heute benutzen, aber noch nicht viel gemeinsam. Es folgten viele Jahrtausende, in denen die Menschen über große Entfernungen nur schriftlich miteinander in Kontakt treten konnten. Zu Beginn wurden dafür Tontafeln oder Lederstreifen genutzt, erst viel später kamen Briefe aus Papier zum Einsatz. Einen Riesenschritt voran ging es mit der Erfindung des Telefons – endlich konnte man auch Sprache übertragen! Radio und Fernsehen erreichten sogar breite Massen. Durch Handy und Internet können sich die Menschen heute fast überall auf der Welt erreichen und informieren.

Erst kurbeln, dann sprechen

An den 44 Themeninseln des Museums für Kommunikation reist du durch diese spannende Geschichte der Kommunikation: Mach mit und probiere aus! Zum Beispiel, wie man vor 100 Jahren telefonierte: Erst drehte man eine Kurbel am Te-

lefon, dann meldete sich das „Fräulein vom Amt“, dem man die gewünschte Verbindungsnummer mitteilte. Die Dame arbeitete an einem Schrank, in den viele Telefonleitungen mündeten. Mit Stöpseln und Kabeln stellte sie Sprechverbindung zwischen den beiden Teilnehmern von Hand her. Ganz schön umständlich! Ob es für dich leichter ist, ein Telefon mit Wählscheibe zu bedienen? Auch das kannst du ausprobieren und dabei eine automatische Vermittlungsstelle bei der Arbeit betrachten. Sieht ziemlich kompliziert aus. Die ersten Worte, die jemals über ein Telefon gesprochen wurden, lauteten übrigens „Das Pferd frisst keinen Gurkensalat“. Mit diesem komischen Satz führte nämlich Philipp Reis seine Erfindung 1861 in Berlin vor.

Während du von Insel zu Insel wanderst, erfährst du, wie man im Jahr 1781 „SMS“ verschickte, was das Transatlantikkabel mit der modernen Weltwirtschaft zu tun hat oder wie verbotene Musik auf Röntgenbildern versteckt wurde. Und

750 Milliarden E-Mails werden jährlich in Deutschland verschickt!

wozu waren noch mal die postgelben Häuschen gut, auf denen „Ruf doch mal an“ stand? 80.000 solcher Telefonzellen gab es mal in Deutschland. Im Museum für Kommunikation geht es aber auch um jüngere Entwicklungen wie Internet oder Smartphones, die die Welt stark verändert haben. Oder könntest du dir Kommunikation ohne sie vorstellen?

1903 gab es in Frankfurt 8000 Telefonanschlüsse !

Aktiv in der Kinderwerkstatt

Für Fragen stehen dir hilfreiche Mitarbeiter als „Kommunikatoren“ zur Seite, die auch Vorführstationen wie zum Beispiel die große Briefsortieranlage oder das frühe Fernsehen bedienen. Besonders lustig wird dein Besuch übrigens am Wochenende, wenn die Kinderwerkstatt geöffnet hat. Dort findest du einen Kinder-Postschalter, ein Rohrpost- und ein Seilpostsystem, eine Druckwerkstatt und eine Erfinderecke, in der du aus Elektroschrott neue Dinge konstruieren und basteln kannst. Einlass in die Kinderwerkstatt ist immer zur vollen Stunde. Es gibt außerdem Familienrundgänge, Taschenlampenführungen und interessante Workshops.

Info

MUSEUM FÜR KOMMUNIKATION FRANKFURT
Schaumainkai 53
60596 Frankfurt am Main
Tel. (0 69) 6 06 00
www.mfk-frankfurt.de

Geheimschrift

uicaakpticm nzmqhmqbbqxxa – was dir hier vorkommt wie ein Buchstabensalat, ist ein in Geheimschrift verschlüsselter Text! So mitteilsam die Menschen sind, so neugierig sind sie auch. Manchmal ist es daher notwendig, Botschaften zu verschlüsseln, damit sie auch wirklich nur der Empfänger lesen kann. Nicht immer muss das so aufwendig und kompliziert sein wie die Schlüsselmaschine Enigma aus dem Zweiten Weltkrieg, die du im Museum für Kommunikation gesehen hast. Ein einfaches, aber zur damaligen Zeit wirkungsvolles Verfahren entwickelte vor über 2000 Jahren der römische Feldherr Julius Cäsar. Dieses Verfahren wird deshalb Cäsarverschiebung genannt. Er ersetzte dabei jeden Buchstaben des Ausgangstexts durch einen Geheimtextbuchstaben. Der war auch aus dem Alphabet, aber eine vorher festgelegte Zahl von Stellen weiter hinten. Nur wer diese Zahl kannte, konnte mit dem Text etwas anfangen. Diese entscheidende Information, die Sender und Empfänger beim Ver- und Entschlüsseln brauchen, bezeichnet man als Schlüssel oder Code.

Um selbst Texte mit der Cäsarverschiebung zu verschlüsseln, brauchst du nur ein kariertes Blatt Papier. Darauf schreibst du in eine Zeile die Buchstaben des Alphabets – in jedes Kästchen einen Buchstaben. Sagen wir, der Code lautet 2, dann zählst du vom A aus zwei Kästchen weiter nach rechts – aus dem A wird also ein C. Das Wort FRANKFURT wird bei einer Verschiebung um zwei Buchstaben nach hinten zu HTCPMHWTV. Um es zu entschlüsseln, musst du in deiner Buchstabenreihe wieder zwei Kästchen zurückgehen. Und was heißt nun uicaakpticm nzmqhmqbbqxxa? Finde es selbst heraus, der Code lautet 8!

EXPERIMENT

9

Deutsches Architekturmuseum, oder:

WIE PASSEN HÄUSER INS MUSEUM?

Weißt du, was Architekten machen? Richtig – sie entwerfen, planen und bauen Gebäude aller Art: das Haus, in dem du wohnst, deine Schule, Fabrikhallen, Wolkenkratzer oder Brücken. Im Architekturmuseum erfährst du viel über Bauwerke aus verschiedenen Zeitaltern und Kulturen. Und bei Veranstaltungen wie der Bauwerkstatt oder der Legobaustelle kannst du selbst bauen, was das Zeug hält!

Jetzt fragst du dich vielleicht, was es dort zu sehen gibt, denn ganze Häuser kann man doch nicht einfach ins Museum stellen?! Jein – denn erst mal steht im Architekturmuseum tatsächlich ein Haus im Haus. Das hat der Architekt des Museums, er hieß Oswald Mathias Ungers, in die große alte Villa am Mainufer hineingebaut und so die ungewöhnlichen Galerieräume geschaffen. Dann nutzen Architekten noch einen Trick, damit man ihre Entwürfe besser zeigen und erklären kann: Sie bauen verkleinerte Modelle der Häuser – ähnlich wie ein Puppenhaus, ein Legogebäude oder die Häuschen für die Modelleisenbahn. Aus solchen maßstäblich verkleinerten Modellen in 24 großen Vitrinen besteht auch die Dauerausstellung im Architekturmuseum. Sie heißt *Von der Urhütte zum Wolkenkratzer* und es geht dabei um die Behausungen und Siedlungen der Menschen von der Steinzeit bis heute. Unglaublich, was zum Beispiel die Römer schon für tolle und große Städte hatten, während die alten Germanen im heutigen Deutschland noch in sehr primitiven Hütten aus Holz und Lehm hausten.

Info

DAM-DEUTSCHES ARCHITEKTURMUSEUM
Schaumainkai 43
60596 Frankfurt am Main
Tel. (0 69) 21 23 88 44
www.dam-online.de

Als Ferienprogramm: die Legobaustelle

Richtig spannend wird es bei den vielen Veranstaltungen, die das Museum speziell für Kinder anbietet. Am letzten Samstag im Monat, dem *Satourday,* kannst du zum Beispiel Papiertürme basteln und Seifenkisten bauen oder Schatten fotografieren. Oder du besuchst die Bauwerkstatt für Kinder. Das Motto: Bauen, was das Zeug hält. Bauen, wohin der Hammer fällt. Bauen für alle! Da kannst du deine Eltern und Großeltern mitnehmen. Sehr beliebt ist auch die Legobaustelle. Die wird in den Sommer- und Winterferien immer über mehrere Wochen eingerichtet: Mit Tausenden von bunten Bausteinen sind deiner Fantasie keine Grenzen gesetzt. Nimm an einem der Themenwettbewerbe teil! Denn für das schönste Bauwerk gibt's einen Preis!

Im zweiten Obergeschoss gibt's eine extra Leseecke für Kinder !

10

Museum Judengasse, oder:

WER LEBTE IM ROTEN WIDDER?

Im Mittelalter lebten die Juden in Frankfurt in einer eigenen Straße, der sogenannten Judengasse. Erst vor 25 Jahren wurden ihre Grundmauern und Keller bei Bauarbeiten gefunden. Die Nischen, Treppen, Brunnen und Bäder laden zum Entdecken (und Verstecken!) ein.

Das Judentum ist die älteste Weltreligion und der Ursprung des Christentums. Aber Juden wurden auch immer wieder ausgegrenzt, verfolgt und umgebracht. In Frankfurt mussten sie im Mittelalter in der „Judengasse" leben. Diese war von Mauern umschlossen und die Bewohner durften sie nachts und an Feiertagen nicht verlassen. Man bezeichnet dies als Ghetto. Das Frankfurter Ghetto war das erste seiner Art und wurde zu einem der wichtigsten jüdischen Zentren Europas.

Winzige Häuser

Sperber, Weißer Widder und *Roter Widder* – die Häuser in der Judengasse hatten wie im Mittelalter üblich keine Hausnummern, sondern fantasievolle Namen. Das nannte man das Hauszeichen. Dir fällt bestimmt auf, dass einige Häuser winzig waren: gerade einmal 3 Meter breit, 10 Meter lang und drei Stockwerke hoch. Kannst du dir vorstellen, dass im *Roten Widder* um 1703 auf dieser kleinen Fläche drei Familien mit 13 Personen wohnten? Unter anderem ein Lehrerehepaar mit vier Kindern, das hier eine Schule betrieb. Neun Stunden lernten die Kinder damals pro Tag – aber

Info

MUSEUM JUDENGASSE
Battonnstraße 47
60311 Frankfurt am Main

Tel. (0 69) 21 27 07 90
www.juedischesmuseum.de

nur die Jungen. Für die Mädchen gab es keine Schulpflicht. Sie blieben meist zu Hause und halfen im Haushalt. Deutlich größer war das *Steinerne Haus* nebenan. Eine Treppe führt in ein Kellergewölbe – das ist die Mikwe, ein Ritualbad, wo sich jüdische Frauen zu bestimmten Anlässen nach religiösen Regeln reinigten. Ein Haus mit eigener Mikwe war ein großer Luxus.

Die Heilige Schrift der Juden heißt Tora !

Jüdischer Alltag vor 500 Jahren

An vielen Mitmachstationen kannst du in das jüdische Leben vor 500 Jahren eintauchen: In der Schreibecke probierst du die hebräische Schrift aus und mit Lupe und Handschuh erkundest du die Bedeutung von Inschriften auf einer Schale. Und wie steht es um deine Rechenkünste, um den damals typischen Beruf des Geldwechslers auszuüben? Wenn du mehr über den Alltag in der Judengasse erfahren willst, dann besuch doch einen Familien- oder Kinderworkshop.

Frankfurter Würstchen, oder:

WIE KAM DAS WÜRSTCHEN VON FRANKFURT NACH WIEN?

Viele Kinder lieben Würstchen – du auch? Mit den Namen kann man allerdings manchmal durcheinanderkommen: Mal ist die Rede von Wiener Würstchen, mal von Frankfurter Würstchen, mal von Würstchen nach Frankfurter Art. Wo die Unterschiede liegen und was am echten Frankfurter Würstchen das Besondere ist, erfährst du hier.

Wann wurde das Frankfurter Würstchen erfunden? Schwer zu sagen, denn solche Alltagsdinge wie Rezepte für Wurst wurden früher nur selten aufgeschrieben, sondern in Familien und unter Handwerksmeistern mündlich weitergegeben. Fest steht, dass die Frankfurter schon im Mittelalter gerne Würste futterten: Auf den Krönungsfesten der Kaiser in Frankfurt kamen nicht nur Würste pur auf den Tisch, sondern sogar gebratene Ochsen, die noch mit Wurst gefüllt wurden!

Damals hatten Metzger aber noch keine Maschinen, deshalb musst du dir diese Würste eher wie eine grobe Bratwurst vorstellen. Etwa seit dem 19. Jahrhundert sehen Frankfurter Würstchen so aus, wie du sie kennst: innen fein und rosa, außen mit einem goldenen Schimmer vom Buchenrauch auf der knackig zarten Hülle.

Ein Metzgergeselle geht auf Reisen

Aber wie wurden aus den Frankfurtern dann Wiener? Der fränkische Metzgergeselle Johann Georg Lahner hatte in Frankfurt seine Lehre abgeschlossen und reiste um 1800 weiter nach Wien. Dort hatte er mit seinem Würstchenrezept aus Frankfurt Riesenerfolg: Bald gab es „Frankfurter

Würstel“ fast an jeder Ecke. Die Frankfurter Metzger waren sauer und sorgten dafür, dass seit 1860 zumindest in Deutschland ein Frankfurter Würstchen per Gesetz auch wirklich aus Frankfurt oder der Nachbarschaft kommen muss. Außerdem muss es aus 100 Prozent Schweinefleisch bestehen – sonst ist es eben ein Wiener Würstchen. Außer in Österreich: Dort heißen die „Wiener“ bis heute „Frankfurter“. Alles klar?!

Die Hülle ist aus Saitling – das ist Schafsdarm!

Für jeden Geschmack

Ein guter Ort, um original Frankfurter Würstchen zu probieren, ist die Kleinmarkthalle in der Stadtmitte, wo alteingesessene Metzger die Spezialität anbieten. Es gab aber in der Stadt immer schon Menschen, die kein Schweinefleisch mochten oder essen durften – zum Beispiel jüdische oder muslimische Frankfurter. Deshalb ist die Rindswurst, die auch schon seit mehr als 100 Jahren als Frankfurter Spezialität gilt, ebenso beliebt als Imbiss.

11

Hessisches Puppen- und Spielzeugmuseum, oder:
SEIT WANN SPIELEN KINDER MIT PUPPEN?

Im Hessischen Spielzeug- und Puppenmuseum im nahe gelegenen Hanau erfährst du, was Kinderherzen in der Vergangenheit höherschlagen ließ. Puppen, Autos und Blechspielzeug stehen hier aber nicht nur in den Vitrinen: Du kannst selbst Rennwagen flitzen lassen, Puppenstuben einrichten und viele andere Spiele ausprobieren.

Zahlreiche Puppen aus verschiedenen Epochen und Materialien lassen sich hier bestaunen. Kein Wunder, denn Puppen gehören zu den ältesten Spielzeugen überhaupt. Schon vor 2000 Jahren spielten römische Kinder mit Puppen aus Ton. Im 18. Jahrhundert gab es Holzpuppen, kunstvoll bemalt und mit feiner Kleidung ausgestattet. Fällt dir auf, dass sie wie kleine Erwachsene aussehen? Sie waren weniger zum Vergnügen gedacht, sondern sollten Kinder aus reichem Hause auf ihr künftiges Leben als Erwachsene vorbereiten. Erst im 19. Jahrhundert wurden Puppen zu den Spielgefährten, die du vermutlich selbst kennst. Allzu wild konnten die Kinder aber nicht mit ihnen spielen, da sie meist aus zerbrechlichem Porzellan waren.

Die Welt im Kleinen

In den vielen Puppenstuben bekommst du einen guten Einblick in den Alltag vergangener Zeiten. Im Museum steht auch das weltgrößte Miniaturkaufhaus mit 16 Schaufenstern. Ein weiterer Renner im Kinderzimmer deiner Urgroß-

Info

HESSISCHES PUPPEN- UND SPIELZEUGMUSEUM
Parkpromenade 4
63454 Hanau
Tel. (0 61 81) 8 62 12
www.hpusm.de

eltern war Blechspielzeug in Form von Autos, Tieren oder Raketen. Es ließ sich aufziehen und bewegte sich dank einer komplizierten Mechanik im Inneren wie von Zauberhand.

Viele Spielstationen

Klar, dass du in einem Spielzeugmuseum auch selbst spielen kannst: Auf der 20-Meter-Autorennbahn kannst du so richtig durchstarten. Im Kasperletheater erfindest du dein eigenes Theaterstück. Und am Kostümschrank schlüpfst du in lustige Verkleidungen. Aber auch draußen gibt es einiges zu entdecken. Das Puppenmuseum liegt nämlich in einem sehr schönen Park, den historischen Kuranlagen Wilhelmsbad. Unter anderem findest du hier ein weltweit einzigartiges Karussell, das früher unsichtbar von Pferden im Keller bewegt wurde. An einzelnen Tagen kannst du sogar damit fahren.

Jeden zweiten und vierten Sonntag hat die große Carrera-Bahn geöffnet !

12

Kaiserdom und Krönungsweg, oder: WARUM IST DIE ALTSTADT NEU?

Mit seinen vielen Hochhäusern aus Stahl und Glas wirkt Frankfurt sehr modern. Aber die Stadt hat eine lange Geschichte: Hier wurden sogar Kaiser gekrönt. Ihr ehemaliger Krönungsweg führt dich vom Dom auf den Römerberg durch eine völlig neue Altstadt. Finde heraus, was es damit auf sich hat!

Der Kaiserdom St. Bartholomäus ist ein bedeutsamer Ort: Seit 1356 wurden hier die deutschen Könige, später Kaiser gewählt und gekrönt. Damit war Frankfurt ein Zentrum des Heiligen Römischen Reichs – so nannte man damals das Herrschaftsgebiet der deutschen Kaiser. Im Domturm kannst du nach oben steigen und hast aus 66 Meter Höhe eine tolle Aussicht.

Das Herz der Stadt

Nach der Krönung im Dom schritten die neuen Kaiser zum *Römer.* So heißt seit vielen Hundert Jahren das Frankfurter Rathaus – vermutlich, weil einst italienische Kaufleute ihre Waren dort anboten. Mit seinen auffälligen Treppen am Giebel ist der Römer ein Wahrzeichen der Stadt. Während im Römersaal die Kaiser und Kurfürsten festlich speisten, feierte das Volk auf dem Rathausplatz, dem *Römerberg.* Bis heute versammeln sich auf dem Platz die Menschen bei wichtigen Ereignissen.

Diesen Krönungsweg kannst du erst seit Kurzem wieder entlanglaufen. Der große mittelalterliche Stadtkern Frank-

Info

DOM FRANKFURT
Domplatz 1
60311 Frankfurt am Main
www.dom-frankfurt.de

furts wurde nämlich im Zweiten Weltkrieg komplett zerstört. Statt die kleinen Gassen wiederaufzubauen, errichteten die Frankfurter lieber breite Straßen für ihre Autos und große Betonbauten für ihre Verwaltung. Mit dem neuen Stadtzentrum waren sie aber nie richtig glücklich. Und so haben sie die Betonbauten wieder abgerissen und die Altstadt zwischen Dom und Römer 2018 doch wiederaufgebaut. Einige Häuser wurden so errichtet, wie sie vor 500 Jahren schon hier standen, andere sind ganz modern. Erkennst du den Unterschied? Zusammen ergibt sich eine interessante Mischung – eben eine „neue Altstadt".

Wiege der Demokratie

1792 beschritt übrigens das letzte Mal ein Kaiser den Krönungsweg. 1848 tagte das erste deutsche Parlament, die Nationalversammlung, in der Frankfurter Paulskirche. Nur wenige Meter vom Römer entfernt beschlossen die Abgeordneten damals, dass es keinen Kaiser mehr geben sollte – die Bürger sollten stattdessen eine demokratische Regierung wählen.

Der Domturm hat 328 Stufen bis nach oben !

13

Kaiserpfalz Franconofurd, oder: WAS IST EIN REISEKÖNIG?

Die Kaiserpfalz ist so etwas wie der Geburtsort Frankfurts. Hier siedelten schon die Römer, später kamen die Franken und gaben der Stadt den Namen. Aber erst die Kaiserpfalz machte Frankfurt zu einer wichtigen Stadt, denn hier wohnten Könige. Ihre Überreste kannst du in einem „Archäologischen Schaufenster" zwischen Dom und Römer bewundern.

Franconofurd bedeutet Furt der Franken. Eine Furt war eine flache Stelle, an der man einen Fluss auch ohne Brücke überqueren konnte. Und die Franken waren ein germanischer Stamm, der sich im frühen Mittelalter ein riesiges Reich erobert hatte.

Ständig unterwegs

Eine einzelne Hauptstadt, wo der König in einem riesigen Schloss lebte, gab es bei den Franken nicht. Um seine Macht zu sichern, reiste der jeweilige König mit seinem Hofstaat stattdessen ständig kreuz und quer durch sein Herrschaftsgebiet! Das nennen die Geschichtswissenschaftler tatsächlich Reisekönigtum. Der ganze Tross übernachtete aber nicht in Hotels, sondern in sogenannten Pfalzen. Das waren Wohnanlagen auf Gutshöfen, die speziell für den König und sein Gefolge gebaut wurden und um die sich dann später oft Dörfer und größere Städte entwickelten – wie eben Frankfurt.

Schon die Römer badeten hier

Von der Pfalz Franconofurd aus wurde das Königsgut Untermain verwaltet. Im großen Versammlungsraum, der Kö-

Info

KAISERPFALZ FRANCONOFURD
Bendergasse 3
60311 Frankfurt am Main
Tel. (0 69) 21 23 93 44
www.archaeologisches-museum-frankfurt.de

nigshalle, saß der König auf seinem Thron und besprach sich mit seinen Bischöfen, Adligen und anderen wichtigen Menschen. Die Mauerreste der Halle kann man noch gut erkennen. Es gab außerdem eine große Kapelle, aus der später der Dom hervorging, und natürlich Zimmer zum Wohnen. Wie die ganze Anlage um das Jahr 860 ausgesehen haben könnte, zeigen dir die Forscher auf einem großen, am Computer erstellten Bild. Da war Frankfurt noch ganz schön übersichtlich! Noch älter sind die Reste einer römischen Badanlage: Schon die Römer wussten, dass der Fluss hier gut überquert werden konnte, und siedelten sich auf dem heutigen Domhügel an.

Die Königshalle nannte man aula regis !

14

Frankfurter Goethe-Haus, oder: WIE WIRD MAN DICHTER UND DENKER?

Johann Wolfgang von Goethe war ein berühmter deutscher Dichter. Manche sagen sogar, er ist der berühmteste Deutsche überhaupt. Aber auch Goethe war mal ein kleiner Junge, den die Mutter liebevoll „Hätschelhans" nannte. Seine Kinderstube kannst du dir im Frankfurter Goethe-Haus anschauen – hier wurde er nämlich 1749 geboren.

Mit seiner Schwester Cornelia wohnte Johann mitten in der Stadt am Großen Hirschgraben. Die Familie war reich und lebte sehr großzügig, 18 Zimmer hatten sie zur Verfügung und sogar fließend Wasser in der Küche – damals eine echte Seltenheit. Im großen Hausflur vor der Küche spielte Goethe als kleines Kind am liebsten. Dass er dabei auch reichlich Unsinn im Kopf hatte, berichtet er selbst in seinem Buch *Dichtung und Wahrheit*. Als er nämlich eines Nachmittags das Spiel mit seinem Puppengeschirr langweilig fand, warf er es kurzerhand durchs Fenster auf die Straße und freute sich, „dass es so lustig zerbrach". Angefeuert von den Nachbarjungen landete auch noch das normale Geschirr der Familie auf der Straße! „Das Unglück war geschehen, und man hatte für so viel zerbrochne Töpferware wenigstens eine lustige Geschichte", erinnerte sich Goethe gerne zurück an seinen Streich.

Die Kinder hatten Hauslehrer

Anders als du mussten Johann und Cornelia nicht in eine Schule gehen, sondern wurden zu Hause von ihrem Vater

Info

FRANKFURTER GOETHE-HAUS

Freies Deutsches Hochstift
Großer Hirschgraben 23–25
60311 Frankfurt am Main

Tel. (0 69) 13 88 00
www.goethehaus-frankfurt.de

und von Hauslehrern unterrichtet. Oben im zweiten Stock siehst du das Unterrichtszimmer mit der großen Bibliothek. Auf dem Stundenplan standen ziemlich viele Sprachen, außerdem Rechnen, Naturwissenschaften, Schönschreiben, Zeichnen und Musik. Wenn sie nicht gerade lernten, gab es für die Kinder einen besonderen Zeitvertreib: Die Oma schenkte den Geschwistern zu Weihnachten ein Puppentheater, das du im Obergeschoss siehst. Mit ersten eigenen Stücken unterhielt Johann seine Freunde.

Literatur und Naturwissenschaft

Seine gründliche Ausbildung im Elternhaus konnte Johann später gut gebrauchen: Er studierte Rechtswissenschaften und zog mit 26 Jahren nach Weimar. Dort arbeitete er für den König. Aber sein Herz schlug schon immer für die Literatur: Er schrieb Bücher, Theaterstücke und Gedichte, die ihn schon zu Lebzeiten weltberühmt machten. Einige wirst du bestimmt noch in der Schule lesen. Darüber hinaus erforschte er die Natur und interessierte sich für Philosophie. Weil es viele berühmte Deutsche gab, die wichtige Bücher schrieben und wissenschaftliche Entdeckungen machten, nennt man Deutschland auch das Land der Dichter und Denker.

***Goethes berühmtestes Buch heißt* Faust!**

Verkehrsknotenpunkt, oder:
WELCHE PAKETE VERSCHICKT DER DE-CIX?

Frankfurt war nie die größte Stadt Deutschlands. Aber was den Verkehr angeht, liegt Frankfurt ganz vorn. Hier kreuzen sich nicht nur die Wege von Millionen Menschen, sondern auch Güter- und Datenströme!

„Achtung, Stau am Frankfurter Kreuz“ – so eine Verkehrsmeldung hast du vielleicht schon mal im Radio gehört. Dass sich der Verkehr hier staut, ist leider keine Seltenheit. Das liegt daran, dass dieses Autobahnkreuz gleich beim Flughafen tatsächlich das verkehrsreichste im ganzen Land ist. Hier kommen durchschnittlich 360.000 Autos und Lastwagen pro Tag vorbei! Auch der Flughafen hält Rekorde, er ist mit Abstand der größte in Deutschland. Er hat sogar einen eigenen ICE-Bahnhof, obwohl es in der Stadtmitte auch noch den großen Hauptbahnhof gibt. Der liegt mit täglich etwa 460.000 Reisenden immerhin auf Platz zwei unter den deutschen Bahnhöfen. Und selbst auf dem Main ist einiges los: Jedes Jahr steuern etwa 2000 Frachtschiffe die Frankfurter Binnenhäfen an, um Container und Schüttgut wie Kies oder Metallschrott ein- und auszuladen.

Im Herzen Europas

Solche Orte, an denen sich verschiedene Verkehrsadern treffen und kreuzen, nennt man Verkehrsknotenpunkte. So ein Ort ist nicht nur leicht zu erreichen, du kannst dort auch auf viele andere Verkehrsmittel umsteigen und neue Ziele ansteuern. Das ist für Reisende

genauso praktisch wie für Firmen, die ihre Waren in die Welt schicken möchten. Schau doch mal auf eine Landkarte von Deutschland oder Europa: Frankfurt liegt richtig schön in der Mitte. Außerdem gab es hier eine flache Stelle, eine sogenannte Furt, an der man den Main durchqueren konnte – eben die Furt der Franken. Auch hohe Gebirge waren keine im Weg. Deshalb führten seit vielen Jahrhunderten wichtige Handelswege durch die Stadt. Hat sich erst einmal ein Verkehrsknoten gebildet, kommt oft eins zum anderen. Frankfurt wurde Messe- und Bankenstadt – und seit es das Internet gibt, auch einer der wichtigsten Knotenpunkte im weltweiten Datennetz. Er heißt DE-CIX, das DE steht dabei für Deutschland und CIX für *Commercial Internet eXchange,* die englische Bezeichnung für einen kommerziellen, also privatwirtschaftlichen Internetknoten. Wenn du also irgendwo in Deutschland etwas im Internet anschaust, sind die Datenpakete höchstwahrscheinlich über Frankfurt gereist!

Durch DE-CIX rauschen bis zu 6 Terabit Daten pro Sekunde !

15

Flughafen – Besucherterrasse, oder:

WIE VIEL TANKT EIN JUMBO?

Egal, ob du selbst schon einmal geflogen bist oder nicht: Wenn du die aufregende Flughafen-Atmosphäre erleben willst und dich die großen Düsenflugzeuge interessieren, dann ist ein Ausflug zum Flughafen Frankfurt mit seiner Besucherterrasse genau das Richtige.

Denn um die Flugzeuge aus der Nähe zu betrachten, musst du nicht unbedingt verreisen! Der Flughafen liegt im Süden vor der Stadt und ist wirklich riesig: Er ist aber nicht nur der größte in Deutschland, sondern auch der viertgrößte in Europa.

Ein Stadtteil für sich

Das Gelände ist über 20 Quadratkilometer groß und zählt als eigener Stadtteil. Hier arbeiten mehr als 81.000 Menschen. Das Start- und Landebahnsystem des Frankfurter Flughafens umfasst vier Bahnen, täglich werden etwa 190.000 Passagiere begrüßt! In den Terminals – so heißen die großen Gebäude, in denen die Fluggäste ankommen und abfliegen – ist also richtig viel los und du siehst dort Menschen aus aller Welt, die Frankfurt besuchen möchten, nach Hause fliegen oder von einem Flugzeug in ein anderes umsteigen wollen.

Am besten fahrt ihr mit der Bahn zum Flughafen, denn Parken ist hier ziemlich teuer. Der Regionalbahnhof liegt unter dem Terminal 1, dem älteren Teil des Flughafens. Du kannst hier erst mal durch die Empfangshalle schlendern und die riesige Anzeigetafel bewundern, auf der mit klappernden Buchstaben die nächsten Ankünfte und Abflüge aufgelistet werden. Hier findest du Hunderte von Check-in-Schaltern der Fluggesellschaften, bei denen man sich vor dem Abflug melden muss und sein Gepäck aufgeben kann.

Weil man bei Flugreisen oft und viel warten muss, gibt es im Terminal viele Läden und Cafés, um sich die Zeit zu vertreiben. Rolltreppen führen zur SkyLine. Diese automatische Hochbahn bringt dich kostenlos zum Terminal 2, wo sich auch die Besucherterrasse befindet.

Was fliegt denn da?

Aus der Hochbahn hast du schon einen klasse Blick auf die verschiedenen Gebäude des Flughafens und siehst auch die ersten Flugzeuge an den Passagierbrücken stehen, die wie Rüssel aus dem Terminal ragen. Jetzt noch ein paar Rolltreppen, und du stehst an der Kasse der Besucherterrasse! Die Eintrittskarte für die Terrasse gilt einen ganzen Tag, du kannst also mehrmals raus und rein gehen. Schnupper mal, wenn du durch die Türen ins Freie auf die große Terrasse trittst: Hier riecht es nach Flugzeug! Genauer gesagt: nach Kerosin, dem Treibstoff der Düsentriebwerke – vergleichbar mit Heiz- oder Dieselöl. Und keinen Schreck kriegen:

1400 Starts und Landungen jeden Tag !

Wenn zum Beispiel so ein Jumbo Richtung China startet, kann es ganz schön laut werden. Aus Sicherheitsgründen ist die Terrasse mit einem feinen Drahtnetz eingezäunt, das die Aussicht aber kaum stört.

Die fliegenden Giganten scheinen von hier aus zum Greifen nah. Du kannst in allen Details beobachten, wie so ein Verkehrsflugzeug angerollt kommt und einparkt. Passagiere steigen über fahrbare Treppen ein und aus – oder gelangen über die rüsselartigen Brücken direkt ins Terminal. Viele Helfer entladen das Gepäck und bringen Proviant, Techniker schauen nach dem Rechten und das Flugzeug tankt neuen Treibstoff. In einer knappen Stunde fließen bis zu 190.000 Liter durch dicke Schläuche in die Tanks eines Jumbojet. Dafür bräuchte man an einer Autotankstelle fast eine Woche! Solche und viele weitere interessante Sachen erzählt bei gutem Wetter ein Moderator über Lautsprecher und erklärt auch ganz genau, welche Flugzeuge da gerade vorbeirollen oder vorbeischweben. Wenn du dich zwischendurch mal austoben willst, kannst du das auf dem Indoor-Spielplatz direkt am Eingang der Besucherterrasse tun. Ein richtiges Abenteuer ist die Rundfahrt mit dem Bus über das Vorfeld – da bist du noch näher dran am Geschehen!

Info

FLUGHAFEN FRANKFURT

Besucherterrasse:
Terminal 2, Ebene 4
60547 Frankfurt
www.besucherterrasse.frankfurt-airport.com

Rundfahrten
Terminal 1, Halle C, Abflugebene
Airport Tours & Shop
www.FRA-Tours.com

Aerodynamik

Die größten Flugzeuge, die in Frankfurt starten und landen, sind die doppelstöckigen vom Typ Airbus A380. Voll beladen und betankt wiegen sie 569 Tonnen, so viel wie etwa 100 dicke Elefanten! Dass selbst solche Giganten fliegen, ist keine Hexerei, sondern Physik – genauer gesagt, Aerodynamik oder die Lehre von den Luftströmungen. Die Flügel haben eine besondere Form. Sie erzeugt Auftrieb, wenn sich das Flugzeug schnell genug durch die Luft bewegt. Für ein Experiment zum Thema Auftrieb brauchst du nur einen kräftigen Föhn, ein Blatt Papier und einen Klebestreifen.

EXPERIMENT

Klebe das Blatt Papier mit einem langen Klebestreifen an der schmalen Seite auf einen Tisch – ganz nahe an den Rand, sodass der größte Teil des Blattes herunterhängt. Schalte den Föhn ein – am besten auf kalt und kräftig. Puste flach über den Tisch in Richtung des Blattes. Bewege den Föhn vorsichtig vor und zurück. An einem bestimmten Punkt sollte sich das Blatt plötzlich wie von Geisterhand anheben – es wird vom Luftstrom quasi angesaugt! Und schau mal von der Seite hin: Das Blatt wölbt sich leicht nach oben, genau in der Form eines Flugzeugflügels! Die physikalische Erklärung: Oberhalb des Blattes strömt die Luft, angetrieben vom Föhn, schnell. Schnell strömende Luft hat aber einen geringeren Druck als die Luft auf der Unterseite des Blattes – es entsteht Auftrieb, der das Blatt anhebt.

16

Römerkastell Saalburg, oder:
WIE SCHÜTZT MAN SICH VOR BARBAREN?

Bestimmt hast du schon einmal von den alten Römern gehört. Vor rund 2000 Jahren herrschten sie von Rom aus über halb Europa. Die Grenze ihres Reichs verlief nur ein Stückchen oberhalb des heutigen Frankfurts. Dort haben sie viele Spuren hinterlassen, die du in der Saalburg erforschen kannst.

Mit vielen Soldaten und Gewalt hatten die Römer ihr Imperium im Krieg erobert. An den Rändern des Reichs ging es daher nicht gerade friedlich zu. Also bauten die Römer eine Grenzbefestigung, den Limes. Er bestand aus einem Graben, einem Wall, einem Palisadenzaun, Wachtürmen – und es gab in regelmäßigen Abständen Kastelle, befestigte Lager für die Wachsoldaten.

Eine Festung am Limes

Die Saalburg im Taunus ist so ein Kastell. Vor etwa 120 Jahren begannen Wissenschaftler, ihre Ruinen wiederaufzubauen und in ein Museum zu verwandeln. Heute ist die Saalburg eines der am besten erforschten und rekonstruierten Römerkastelle in Deutschland. Es ist so wichtig für die Forscher, dass es seit 2005 zum UNESCO-Weltkulturerbe gehört: Das ist eine Liste mit den allerwichtigsten Kulturdenkmälern auf der Welt.

Den ersten Römer triffst du gleich am Haupttor, der *Porta Praetoria:* Da begrüßt dich Kaiser Antonius Pius, der von 138 bis 161 regierte. Das Standbild aus Bronze wurde aber erst zur Eröffnung des Museums 1907 nach antiken Vorbildern hergestellt. Durch das Tor trittst du ins Innere der rechteckigen Wehrmauer. Stell dir vor: Hier lebten damals etwa 600 römische Soldaten! Die wiederaufgebauten Gebäu-

de hatten unterschiedliche Zwecke. Das *Praetorium* gleich links war das komfortable Wohnhaus des Kommandanten. Heute ist darin die Verwaltung des Museums untergebracht. Das große Gebäude rechts heißt *Horreum* und war der Getreidespeicher, noch weiter rechts findest du die Mannschaftsbaracken. Sie hießen bei den Römern *Centuriae*. In der Mitte der Anlage steht das Stabsgebäude, auf Lateinisch *Principia*, und rechts daneben das Werkstattgebäude namens *Fabrica* – kommt dir das Wort bekannt vor?

Münzen, Schwerter – echt uralt!

In den verschiedenen Gebäuden findest du spannende Ausstellungen über die Römerzeit. Es gibt viele Gegenstände zu sehen, die Forscher hier bei Ausgrabungen gefunden haben: zum Beispiel Münzen aus Gold und Silber, Waffen wie Messer oder Schwerter, aber auch Werkzeuge, Geschirr und andere Alltagsgegenstände. Räume wie eine Mannschaftsstube, eine Küche oder die Werkstätten von Handwerkern haben die Forscher so wiederhergestellt, wie sie zur Römerzeit einmal ausgesehen haben – bis hin zu den Kleidern und Rüstungen der Legionäre, wie die Soldaten bei den Römern hießen. Wusstest du, dass die Römer schon mechanische Waffen wie Katapulte und Armbrüste besaßen? Auch solche

Kriegsmaschinen zeigt die Ausstellung und an besonderen Thementagen werden sie sogar vorgeführt. Von März bis Oktober ist immer etwas los auf der Saalburg: Jeden Sonntag triffst du dort zum Beispiel zwei „Römer vom Dienst“, die in originalgetreuen Kostümen vom Legionärsleben erzählen.

Alles Barbaren – außer den Römern

Die Römer hatten die Saalburg an einer Stelle gebaut, wo schon vorher ein Weg über den Bergrücken des Taunus führte. Was um das Jahr 100 als kleines Fort aus Holz begann, wuchs zur steinernen Festung, um die sich sogar ein kleines Dörfchen bildete. Doch die Barbaren – so nannten die Römer alle, die außerhalb des Römischen Reichs wohnten – griffen die Grenze immer wieder an. Um das Jahr 260 gaben die Römer die Saalburg auf und zogen sich zurück. Das Kastell verfiel, die Leute nutzten die Ruine als Steinbruch, bis sie im 19. Jahrhundert unter Schutz gestellt wurde. Zum Glück – denn sonst könntest du hier heute nicht so hautnah erleben, wie es hier zur Römerzeit zuging!

Info

RÖMERKASTELL SAALBURG
Archäologischer Park
Am Römerkastell 1
61350 Bad Homburg

Tel. (0 61 75) 93 74-0
www.saalburgmuseum.de

Römisches „Rad-Mühle" (Mola Rotunda)

Den Limes zu bewachen, war für die römischen Soldaten wahrscheinlich die meiste Zeit ein ziemlich langweiliger Job. Die Zeit vertrieben sie sich unter anderem mit Spielen. Durch Ausgrabungen, aber auch durch Aufzeichnungen aus der Römerzeit kennen Wissenschaftler einige dieser Spiele: Die Soldaten würfelten zum Beispiel gerne, warfen Münzen oder zogen mit Steinen auf Spielfeldern, die sie in den Sand malten oder in Steine ritzten. Beliebt war ein Spiel, das sehr an unser heutiges Mühlespiel erinnert. Und du kannst es mit einem Spielpartner auch heute einfach und fast überall nachspielen!

Ihr braucht dafür zwei mal drei Spielsteine oder Spielfiguren, zum Beispiel drei dunkle und drei helle Kiesel, Murmeln oder Münzen – wichtig ist, dass die beiden Mitspieler ihre Steine unterscheiden können. Auch beim Spielfeld seid ihr superflexibel: Es ist ein Kreis, in den ihr wie bei einem Rad acht „Speichen" malt. Ihr könnt das Spielfeld auf ein Blatt Papier, aber auch mit dem Finger in den Sand oder mit Kreide auf dem Hof zeichnen. Dort, wo sich Linien treffen, darf man Steine setzen.

Jetzt kann's losgehen: Ihr lost aus, wer anfangen darf. Dann wird immer abwechselnd auf ein freies Feld gesetzt – oder ein gesetzter Stein auf ein freies Nachbarfeld gezogen. Gewonnen hat, wer es schafft, seine drei Steine über die Mittelposition in eine Reihe zu bekommen – viel Spaß dabei!

18

Freilichtmuseum Hessenpark, oder:

WANN HABEN DIE HESSEN GEDENGELT, GEKLÖPPELT UND GEDROSCHEN?

Träumst du manchmal von Zeitreisen? Ein Besuch im Hessenpark kommt dem ziemlich nahe. Denn hier stehen nicht einfach alte Sachen hinter Glas, sondern die Vergangenheit wird lebendig. Tauche gemeinsam mit Handwerkern, Helfern und anderen Kindern in ein Leben ein, wie es deine Urgroßeltern vielleicht geführt haben!

Der Hessenpark bei Neu-Anspach im Taunus ist das zentrale Freilichtmuseum des Landes Hessen. Aber was ist das überhaupt, ein Freilichtmuseum? Das ist ein riesiges, parkartiges Gelände, wo nicht nur einzelne alte Gegenstände, sondern gleich ganze Häuser gezeigt werden! Die vielen Fachwerkhäuser, Läden, Scheunen, Ställe und Werkstätten sind nicht nachgebaut, sondern alle echt: Sie stammen aus verschiedenen Dörfern und Städten in Hessen, wo sie vor dem Abriss gerettet wurden. Fachleute haben sie Stein um Stein, Balken um Balken abgebaut und genau notiert, welches Teil wo saß. Und dann wurde alles im Hessenpark wieder originalgetreu aufgebaut und eingerichtet.

Reise in die Vergangenheit

Steckst du gerne deine Nase in anderer Leute Wohnungen? Ohne Einladung soll man das eigentlich nicht tun, doch im Freilichtmuseum Hessenpark ist es ausdrücklich erlaubt. Trau dich – bei vielen der Häuser ist die Tür offen und es gibt

Info

FREILICHTMUSEUM HESSENPARK

Laubweg 5
61267 Neu-Anspach/Taunus

Tel. (0 60 81) 58 80
www.hessenpark.de

drinnen etwas zu entdecken: einen alten Laden, ein Postamt oder die Wohnung einer Familie. Der Eingang des Hauses aus Eisemroth führt dich zum Beispiel geradewegs zurück ins Jahr 1927. Wie viele Leute haben hier wohl zusammengelebt? Ein Tipp: Zähle mal die Kopfkissen! Und im Haus aus Frickhofen siehst du, wie vor 100 Jahren das Klassenzimmer der Dorfschule aussah.

Hier ist immer was los!

Das Tolle am Hessenpark sind aber nicht nur diese alten Gemäuer. Du bist hier in einem lebendigen Museum mit vielen Möglichkeiten zum Zuschauen und Mitmachen. Zum Beispiel, wenn Bauern wie vor 200 Jahren Getreide ernten, die Körner aus den Ähren dreschen, Apfelsaft keltern oder am Holzherd kochen und backen. Oder wenn Handwerker dir zeigen, wie früher feine Spitzenbordüren für Kleider geklöppelt und Sensen mit dem Hammer auf dem Amboss „gedengelt" wurden, um sie zu schärfen. Bei vielen Familienveranstaltungen, vor allem in den Ferien, kannst du auch selbst alte Techniken wie Weben oder Filzen ausprobieren. Und sogar die süßen Tiere in den Ställen und auf den Weiden sind lebende Ausstellungsstücke – sie gehören zu seltenen alten Nutztierrassen!

19

Ernst-May-Haus, oder:

WER FÜRCHTET SICH VOR TÜRKISFARBENEN KÜCHENSCHRÄNKEN?

Große Städte wie Frankfurt wachsen weiter, Wohnungen sind knapp und teuer. Vor etwa 100 Jahren war es aber noch viel dramatischer: Damals platzte Frankfurt aus allen Nähten! Zum Glück hatte der Architekt Ernst May (1886–1970) einige gute Ideen für neue Häuser.

In den 25 Jahren von 1895 bis 1920 hatte sich die Einwohnerzahl von Frankfurt glatt verdoppelt – von 230.000 auf über 460.000 Menschen! Die Menschen strömten vom Land in die Städte und drängelten sich in viel zu wenige enge und alte Häuser. Gerade in der Altstadt war es sehr dunkel und schmutzig. Oft mussten ganze Familien in einem Raum gemeinsam schlafen, weil es kein Kinderzimmer gab.

Wir bauen ein neues Frankfurt!

Wegen dieser Wohnungsnot ernannte der Oberbürgermeister Ludwig Landmann 1925 den Architekten Ernst May zum Frankfurter Stadtbaurat. Er ließ in nur 5 Jahren 12.000 neue Wohnungen bauen, das „Neue Frankfurt". Platz dafür gab es im Grünen am damaligen Stadtrand. Aus Dörfern wie Praunheim oder Heddernheim wurden Trabantenstädte, also große Wohnsiedlungen. Viele dieser Häuser stehen noch. Sie werden von ganz normalen Leuten bewohnt, die sich nach ihrem Geschmack eingerichtet haben. Aber ein Reihenhäuschen in der Siedlung Römerstadt wurde vor gut 10 Jahren wieder genau so hergerichtet, wie es 1928 ausgesehen hat – als Museum Ernst-May-Haus.

Info

ERNST-MAY-HAUS
Im Burgfeld 136
60439 Frankfurt am Main

Tel. (0 69) 15 34 38 83
www.ernst-may-gesellschaft.de/mayhaus

Häuser vom Fließband

1928 – da war deine Uroma vielleicht gerade eine junge Frau! Sie hätte im Ernst-May-Haus sicher gestaunt, denn es war für seine Zeit extrem modern. Damit sich auch Arbeiter die Häuser leisten konnten, baute Ernst May besonders kostengünstig. Schau dich in der Straße um: Die Häuser sahen alle genau gleich aus! Man musste nur einmal einen Bauplan machen und Elemente wie Treppen, Türen und Fenster konnten zu Tausenden in Fabriken vorgefertigt werden. Außerdem waren die Häuser zwar bunt angestrichen, aber sonst überhaupt nicht verziert oder verschnörkelt. Dafür gab es ein Bad mit Wanne und Wasserklosett! Elektrisches Licht und Zentralheizung! Einen Gemüsegarten – und endlich ein eigenes Kinderzimmer!

Um Platz zu sparen, hatten alle Häusern die gleiche, die „Frankfurter Küche". Sie war nur 8 Quadratmeter groß. Die Architektin Margarete Schütte-Lihotzky hat sie wie ein Labor gestaltet – die erste moderne Einbauküche. Die Schränke waren in Türkis gestrichen, weil Forscher damals glaubten, die Farbe würde Fliegen abschrecken. Ob das stimmt, wissen nur die Fliegen selber! Jedenfalls wurde das „Neue Frankfurt" für viele andere Städte zum Vorbild. Vielleicht findest du auch in eurer Wohnung oder in der Nachbarschaft noch Räume oder Möbel, die ähnlich gestaltet sind wie im Ernst-May-Haus!

Zentralheizung – 1928 der letzte Schrei !

20

Main Tower, oder:
WIE BAUT MAN EINEN TURM AUS GLAS?

Wenn du die Skyline von Frankfurt mit ihren Hochhäusern siehst, ist dein erster Gedanke wahrscheinlich: Da will ich rauf! Dann ist ein Besuch des Main Towers angesagt, denn er ist tatsächlich der einzige Wolkenkratzer in Frankfurt mit einer öffentlichen Aussichtsplattform.

Entsprechend groß ist der Andrang von Besuchern und es kommt vor, dass du an der Kasse im Erdgeschoss erst mal Schlange stehen musst. Aber es lohnt sich! Nach einem Sicherheitscheck wie auf dem Flughafen darfst du endlich zu den Aufzügen. Die gehören zu den schnellsten in Deutschland: Mit bis zu 7 Metern pro Sekunde geht es hinauf Richtung Aussichtsterrasse. Die liegt auf 195 Metern Höhe, also ganz oben auf dem Wolkenkratzer, der mit 200 Metern plus einer 40 Meter hohen Radioantenne immerhin auf Platz 4 der deutschen Hochhaus-Top-Ten steht.

Der weiteste Blick

Willkommen am höchsten öffentlich zugänglichen Ort Frankfurts! Von hier oben hast du wirklich eine super Aussicht über die ganze Stadt und das Umland: Im Norden siehst du die Berge des Taunus, im Süden den Stadtwald und am Horizont den Odenwald. Durch die Stadt fließt glitzernd der Main und der Hauptbahnhof mit seinem Gleisfeld sieht aus wie eine gigantische Modelleisenbahn. Nur wenige der Hochhäuser in der Umgebung können mithalten. Vielleicht kannst du ja einem Büroangestellten ins Fenster gucken?

Info

MAIN TOWER
Neue Mainzer Straße 52–58
60311 Frankfurt am Main
Tel. (0 69) 36 50 47 40
www.maintower.de

Der Main Tower ist der Hauptsitz der Landesbank Hessen-Thüringen (Helaba). Er wurde von 1996 bis 1999 gebaut, im Jahr 2000 eingeweiht und war das erste Hochhaus in Europa mit einer Fassade ganz aus Glas! Aber keine Angst, der Turm kann nicht zerbrechen: Die Fassade wurde wie ein Vorhang vor das eigentliche Gebäude gehängt, das ein superstabiles Stahlbeton-Skelett besitzt. Der Main Tower steht auf einer fast 4 Meter dicken Betonplatte und 112 Gründungspfählen, die bis zu 50 Meter tief in den Boden reichen – so kann ihn auch der stärkste Sturm nicht umwerfen. Die Aussichtsterrasse ist allerdings bei sehr schlechtem Wetter geschlossen: also, sicherheitshalber vor einem Besuch noch mal im Internet checken!

Zähl nach: Es sind 56 Stockwerke !

Hochhäuser, oder: WARUM WÄCHST FRANKFURT IN DEN HIMMEL?

Eine Besonderheit von Frankfurt kann man schon von Weitem sehen: die Skyline, also die Umrisslinie der vielen Wolkenkratzer gegen den Himmel. Nirgends in Deutschland gibt es so viele Hochhäuser wie hier. Aber wie kam es dazu, dass Frankfurt in den Himmel wuchs?

Frankfurt ist bei Weitem nicht die größte Stadt in Deutschland oder gar Europa, aber so viele Hochhäuser eng beieinander sind sehr ungewöhnlich. Daher hat die Stadt auch den Spitznamen Mainhattan, in Anlehnung an den New Yorker Stadtteil Manhattan mit seiner berühmten Skyline. In Frankfurt stehen mehr als 30 Gebäude mit über 100 Metern Höhe – und 19 der 20 höchsten Häuser Deutschlands. Der Commerzbank-Tower ist mit 259 Metern sogar das allerhöchste Haus in Deutschland überhaupt!

Banken bauen um die Wette

Die Frankfurter Hochhäuser brechen also jede Menge Rekorde. Doch ihre Geschichte ist noch relativ jung. Wie du im Kapitel über die Altstadt nachlesen kannst, gab es bis zum Zweiten Weltkrieg viele Fachwerkhäuser in Frankfurt – aber keine Hochhäuser. Als nach 1945 große Teile der Innenstadt zerstört waren, nutzte man die Gelegenheit, alles sehr modern wiederaufzubauen. Die vielen Banken in Frankfurt brauchten Platz für Büros und hatten auch genug Geld, um in die Höhe zu bauen. Bald gab es einen richtigen Wettstreit um das höchste und schönste Gebäude: Im Bahnhofsviertel entstand der Silberturm, an der Taunusanlage die kantigen, blau verspiegelten

Info

www.skylineatlas.de

Zwillingstürme der Deutschen Bank, an der Messe der bleistiftförmige Messeturm, am Mainufer der Westhafen-Tower mit seiner Fassade aus gläsernen Rauten – die Frankfurter nennen ihn „das Gerippte", weil er aussieht wie ein Apfelweinglas. Mit einem Hochhaus zeigen Unternehmen, was sie sich leisten können und wie modern sie sind. Schade, dass man nur wenige Wolkenkratzer besichtigen kann und sogar nur einer eine öffentliche Aussichtsplattform hat: Der Main Tower hat deshalb sein eigenes Kapitel. Wenn du durch die spektakulären Hochhausschluchten spazierst, fühlt sich Frankfurt auf jeden Fall sehr weltstädtisch an!

Ab 150 Meter Höhe sagt man Wolkenkratzer !

22

Zoo Frankfurt, oder: WARUM WIRD DER TAG ZUR NACHT GEMACHT?

Der Frankfurter Zoo liegt mitten in der Stadt und ist einer der ältesten Zoos in Deutschland. Von Aal bis Zwergziege kannst du 450 Tierarten bestaunen: sogar Fledermäuse, die nur nachts aktiv sind. Dazu musst du gar nicht lange aufbleiben, sondern kannst einfach ins Grzimekhaus gehen.

Das Grzimekhaus ist nämlich ein Nachttierhaus. Hier kannst du 46 Tierarten beobachten, die nur nachts aktiv sind. Das ist möglich, weil in den Gehegen durch entsprechende Beleuchtung Tag und Nacht vertauscht wurden. Erst müssen sich deine Augen ans Dunkel gewöhnen, aber dann siehst du, wie Blattnasen-Fledermäuse durch ihre Höhlen schwirren oder putzige Wüstenschläfer durch den Sand flitzen. Gerade kleine Tiere sind nachtaktiv, weil dann ihre Feinde schlafen und sie unbehelligt nach Futter suchen können. Benannt wurde das Haus übrigens nach Bernhard Grzimek, der vor vielen Jahren Direktor des Frankfurter Zoos und ein sehr bekannter Tierfilmer war. Mit seinen Filmen hat er früh auf die Zerstörung des Lebensraums von Nashörnern, Zebras, Löwen oder Elefanten aufmerksam gemacht. Vor allem die Serengeti, eine Savanne in Ostafrika, lag ihm am Herzen.

Die merkwürdigsten Tiere triffst du im Exotarium. Hier gibt es Insekten, Reptilien und Fische. Zum Beispiel den Australischen Lungenfisch, dessen Vorfahren schon zu Zeiten der Dinosaurier auf der Erde lebten! Oder das Axolotl, das sein Leben lang eine Larve bleibt und Gliedmaßen und Organe einfach nachwachsen lassen kann. Toll sind auch die zahlrei-

chen Aquarien mit bunten Korallen, Fischen, Seesternen und Krebsen.

Im Frankfurter Zoo leben 4500 Tiere !

Zootiere brauchen Beschäftigung

Bei den Seehunden und Zwergseelöwen ist zu Fütterungszeiten viel los. Die intelligenten Tiere zeigen kleine Kunststücke, die vom Pfleger mit Fischen belohnt werden. Die Vorführungen dienen aber nicht nur deiner Unterhaltung, sondern auch der Beschäftigung der Tiere. Während sie ihre Tage in der freien Natur hauptsächlich mit der Suche nach Nahrung verbringen, haben sie im Zoo viel Freizeit. Es ist daher wichtig, sie sinnvoll zu beschäftigen, sonst können sie krank werden. Viele Tiere müssen sich deshalb richtig anstrengen, um an Nahrung zu kommen: Die Futterboxen der Giraffen haben beispielsweise nur kleine Öffnungen. Die Tiere müssen ihre langen Zungen geschickt einsetzen, um satt zu werden. Auch das Zusammenleben mit einer anderen Tierart verhindert Langeweile: Im Ukumari-Land teilen sich zum Beispiel Brillenbär und Brüllaffe das Gehege.

Wer beobachtet wen?

Besonders beliebt bei den Besuchern sind unsere nächsten Verwandten im Tierreich, die Menschenaffen. Durch die großen Glasscheiben kannst du sie gut beobachten – oder beobachten die Tiere eher dich? In Frankfurt leben Bonobos, Gorillas und Orang-Utans im Borgori-Wald, einem sehr aufwendig gestalteten Gehege. Wie in ihrer Heimat, dem Regenwald, herrschen hier tropische Temperaturen. Es gibt exotische Pflanzen, einen Wasserfall und viele Gelegenheiten zum Klettern. Wichtig sind aber auch geschützte Ecken, in die sich die Tiere zurückziehen können. Diese möglichst artgerechte Haltung ist den Zoos heutzutage ein ebenso wichtiges Anliegen wie der Artenschutz selbst. In den Gehegen lernst du, dass viele Zootiere in freier Wildbahn vom Aussterben bedroht sind. Meist ist der Mensch daran schuld, weil er die Tiere trotz Verbot jagt und ihren Lebensraum zerstört. Besonders gefährdete Tierarten wie die Gorillas werden deshalb in den Zoos gezüchtet. So soll die Tierart erhalten werden, auch damit sie, wo es möglich ist, wieder in die Natur ausgewildert werden können. Für jede Tierart gibt es ein eigenes internationales Zuchtprogramm. Die Wissenschaftler im Zoo Frankfurt sind unter anderem an der internationalen Zucht von Berggorillas und Nashornleguanen beteiligt.

Info

ZOO FRANKFURT
Bernhard-Grzimek-Allee 1
60316 Frankfurt am Main

Tel. (0 69) 2 12-3 37 35
www.zoo-frankfurt.de

Luft und Öl

Zwei Dinge bewirken, dass Pinguine im kalten Ozean schwimmen können ohne zu frieren: Luft und Öl. Mit zwei einfachen Experimenten kannst du herausfinden, wie das funktioniert. Für den ersten Versuch brauchst du einen Eiswürfel und einen kleinen Plastikbeutel. Den Beutel bläst du nur leicht auf und verschließt ihn mit einem Knoten. Wenn du ihn flach zusammendrückst, sollte er ein etwa 1 Zentimeter hohes Polster bilden. Zunächst legst du dann den Eiswürfel kurz auf deinen Unterarm. Ganz schön kalt! Nun legst du erst den luftgefüllten Plastikbeutel auf den Unterarm, dann den Eiswürfel drauf. Spürst du den Unterschied? Die Luftkammer wirkt wie eine Isolationsschicht. Die haben auch die Pinguine: Ihre Daunenfedern dicht am Körper speichern viel Luft und isolieren so die Tiere vor der Kälte.

Für das zweite Experiment brauchst du ein Blatt Papier, Zeitungspapier, einen Bleistift, Salatöl, einen Backpinsel und eine Sprühflasche mit Wasser (Blumenspritze). Leg das Zeitungspapier unter das Blatt Papier. Auf das Papier zeichnest du zwei Quadrate, etwa 5 x 5 Zentimeter groß. Das eine lässt du wie es ist, das zweite Quadrat pinselst du mit Salatöl aus. Sprüh nun Wasser auf beide Quadrate. Was passiert? Das Quadrat ohne Öl durchweicht. Beim Quadrat mit Öl perlt das Wasser aber einfach ab! So ist das auch beim Pinguin: Er ölt sein Gefieder regelmäßig ein. An seiner Schwanzspitze hat er eine Drüse, die ein öliges Sekret produziert, das der Pinguin mit seinem Schnabel auf den Federn verteilt.

EXPERIMENT

23

Schwanheimer Düne, oder: WAS MACHT DIE DÜNE IN FRANKFURT?

Die Schwanheimer Düne ist ein Naturschutzgebiet im Westen Frankfurts. „Aber hier ist doch gar kein Meer?", fragst du sicher verwundert. Das stimmt, aber Dünen gibt es nicht nur an den Küsten. Solche Binnendünen im Landesinneren sind allerdings sehr selten. Es lohnt sich, sie mal näher unter die Lupe zu nehmen.

Die Schwanheimer Düne stammt aus der letzten Eiszeit: 10.000 Jahre alt ist der Sand, den du hier siehst. Kräftige Stürme haben ihn aus dem Flussbett des nahe gelegenen Mains geweht. Normalerweise wachsen schnell Pflanzen auf solchem Flugsand und halten ihn fest. Doch den Pflanzen war es in der Eiszeit viel zu kalt. Der Sand wurde vom Wind immer weiter vom Flussufer weggetragen und es entstand eine sogenannte Wanderdüne! Sie kam erst zum Stehen, als das Klima wieder wärmer wurde und sich Pflanzen und Bäume auf ihr ansiedeln konnten.

Fehlen nur noch die Möwen!

Da der Sandboden sehr trocken und nährstoffarm ist, wachsen hier Pflanzen, die du auch aus dem Strandurlaub kennst: buschige Kiefern, Silbergras oder Flechten zum Beispiel. Wenn jetzt noch Möwen über deinem Kopf kreisen würden, wäre das Urlaubsgefühl perfekt. Bevor du nun aber Eimer und Schaufel fürs Bauen von Sandburgen heraussuchst: Leider ist genau das verboten, auch wenn es noch so verlockend ist. Du weißt schon – Naturschutz! Die besonderen Tier- und Pflanzenarten, die hier leben, sollen geschont werden.

Info

SCHWANHEIMER DÜNE
Höchster Weg
60529 Frankfurt am Main

Nur ein paar Heidschnucken dürfen im Sand spielen. Sie werden zur Landschaftspflege eingesetzt, damit die Düne nicht komplett zuwächst.

Früher stand hier ein Kieswerk

Zum Glück gibt es aber einen schönen Holzsteg, von dem aus du die Dünenlandschaft erkunden kannst, ohne die empfindliche Natur zu stören. Leider haben die Frankfurter das früher lange getan und hier in großem Stil Sand abgebaut. Das erkennst du noch an den Kiesgruben wie zum Beispiel der *Schmitt'schen Grube.* Heute sind sie wie der Rest des Naturschutzgebiets ein wichtiger Rückzugsort für gefährdete Vogel- und Amphibienarten. Vergiss also nicht, dein Fernglas mitzunehmen, man kann die Tiere sehr gut beobachten.

Hier leben Eidechsen, Fledermäuse und Teichrohrsänger!

24

Palmengarten, oder:
WIE KOMMT DER TEICH AUF DEN URWALDBAUM?

Um das gleich zu klären: Im Palmengarten gibt es nicht nur Palmen! Er ist ein botanischer Garten, in dem Pflanzen aus allen Kontinenten ausgestellt werden. Hier kannst du mitten in Frankfurt eine kleine Expedition durch die Savanne oder den Regenwald machen.

Ist es in Frankfurt für exotische Pflanzen nicht viel zu kalt? Draußen schon, aber die Pflanzen wachsen hier in riesigen Gewächshäusern. In die großen Glasgebäude scheint die Sonne von draußen rein und erwärmt die Luft. Durch das Glas kommt die Wärme aber nicht mehr nach draußen. So entsteht ein tropisches Klima, in dem sich Palmen und viele andere exotische Pflanzen wohlfühlen. Das älteste Gewächshaus im Palmengarten ist das Palmenhaus. Es ist schon 150 Jahre alt und sieht aus wie ein Märchenpalast. Drinnen erwarten dich feuchtwarme Luft und üppiges Grün. Mit dem kleinen Bach, dem Wasserfall und einer Grotte mit tropischen Aquarien fühlst du dich wirklich wie im Urwald. Kommen dir einige der Pflanzen bekannt vor? Vielleicht, weil sie – etwas kleiner – als Zimmerpflanzen auch bei euch zu Hause stehen! Einige Palmen haben übrigens sehr lustige Namen: die Ohr-Feige zum Beispiel oder die Affenschwanzpalme.

Immer der Sonne entgegen

In den sieben Gewächshäusern des Tropicariums sind die Pflanzen nach verschiedenen Regionen der Tropen sortiert. Dort herrschen ganz unterschiedliche Bedingungen: Es gibt trockene Wüsten und feuchte Regenwälder, heiße Täler und kühle Hochebenen. Du wirst schnell entdecken, dass jedes

Klima auch seine eigene Pflanzenwelt hervorbringt. Auf dem sandigen Boden der Wüste gedeihen nur wenige Pflanzen. Sie müssen sich ganz schön anstrengen, um an Wasser zu kommen. Schau dir mal den dicken, runden Goldkaktus an: Er speichert so viel Wasser, dass er notfalls mehrere Jahre ohne Regen auskommt!

Im tropischen Regenwald wachsen die Pflanzen hingegen üppig. Es gibt reichlich Wasser, allerdings lässt das dichte Dach der Baumkronen kaum Sonnenlicht nach unten durch. Einige Pflanzen haben daher clevere Tricks entwickelt, um doch noch ins Helle zu kommen. Lianen wie die Rattanpalme wurzeln zwar am Boden, aber ihre langen und biegsamen Stämme ranken sich an den Bäumen hoch zur Sonne. Gut für Tarzan! Bromelien hingegen nehmen lieber den Aufzug – sie leben einfach auf den Ästen und Zweigen der Bäume und wachsen mit in die Höhe. Man nennt sie deshalb auch Aufsitzerpflanzen. Damit sie trotzdem zu trinken und zu essen haben, bilden sie aus ihren Blättern eine

13.000 Pflanzenarten wachsen hier !

Schale. Darin sammeln sich Wasser und Erde – ein kleiner Teich entsteht, in dem Insekten oder sogar Frösche leben. 60 Meter über der Erde, denn so hoch können die Bäume dort werden! Die bekannteste Bromelienart ist übrigens die Ananas – du erkennst sie bestimmt an den Blättern. Wetten, du findest im Palmengarten noch mehr Leckereien aus dem Regenwald? Schau mal beim Kakaobaum, der Kokospalme, dem Zuckerrohr oder dem Zimtbaum vorbei.

Palmenexpress und Bootsverleih

Um die Gewächshäuser herum bildet der Palmengarten einen schönen, großen Park. Der Rosengarten, der Rhododendrongarten oder der Staudengarten verwandeln ihn in ein Blütenmeer, das sich je nach Jahreszeit ändert. Spiel und Spaß versprechen drei tolle Spielplätze, darunter ein Wasserspielplatz. Im Sommer kannst du das Gelände mit der kleinen Parkeisenbahn, dem Palmenexpress, durchqueren. Am großen Weiher findest du einen Bootsverleih – vom Boot aus lassen sich die Fische besonders gut beobachten. Wenn du noch mehr über die Pflanzenwelt erfahren willst: Dann besuch doch eine der Veranstaltungen in der *Grünen Schule* des Palmengartens.

Info

PALMENGARTEN DER STADT FRANKFURT AM MAIN
Siesmayerstraße 61
60323 Frankfurt am Main
Tel. (0 69) 2 12-3 39 39
und (0 69) 2 12-3 66 89
www.palmengarten.de

Regenwald-Glas

Der Regenwald heißt so, weil es dort sehr viel regnet und immer feucht ist. Die tropischen Regenwälder befinden sich rund um den Äquator. Dort ist es das ganze Jahr über sehr heiß. Die starke Sonne bringt die Feuchtigkeit in den Blättern der Pflanzen, im Boden und in Flüssen und Seen zum Verdunsten. In der Luft kühlt sie sich ab und fällt als Regen wieder zu Boden. Der Regenwald produziert also einen Teil des Regens selbst! Das kannst du in einem einfachen Experiment auf deiner Fensterbank nachvollziehen. Am besten funktioniert es in der sonnigen Jahreszeit.

Du brauchst ein großes, sauberes Glas, vielleicht ein größeres Marmeladen- oder Gurkenglas, etwas Erde, eine Schale Kresse sowie ein Stück Frischhaltefolie und ein Gummiband. In das saubere Glas füllst du etwa 2 Zentimeter Erde ein. Die Kresse nimmst du aus der Schale, vielleicht musst du das Kressestück etwas abschneiden, damit es in dein Glas passt. Die Kresse legst du auf die Erde und gießt sie vorsichtig mit wenig Wasser. Die Öffnung des Glases verschließt du mit der Folie und dem Gummiband. Stell das Glas nun an einen sonnenreichen Platz am Fenster. Beobachte, was in den nächsten Tagen passiert: Sobald die Sonne scheint, beschlagen das Glas und die Frischhaltefolie. Tropfen entwickeln sich – das ist der Regen in deinem Regenwald! Er tropft nach unten auf die Erde und gießt die Kresse, ohne dass du von außen etwas dazu tun musst: ein Wasserkreislauf, der im echten Regenwald ganz ähnlich funktioniert.

EXPERIMENT

25

Kobelt-Zoo, oder:

WER HAT DEN WASCHBÄREN WEISS GEWASCHEN?

Es müssen ja nicht immer Giraffen, Eisbären und Nashörner sein: Mit den großen Zoos will der kleine, gemütliche Tiergarten im Frankfurter Stadtteil Schwanheim gar nicht konkurrieren. Dafür kommst du den Tieren ganz nahe und kannst sie in Ruhe beobachten. Und der Eintritt ist frei!

Die Anlage am Waldrand wird von einem traditionsreichen Verein, der *Gesellschaft Prof. Dr. Wilhelm Kobelt e. V.*, rein ehrenamtlich betrieben, sozusagen von großen Tierfreunden für kleine Tierfreunde. Den Rundgang durch das Gelände schaffst du in etwa einer Stunde, zum Toben gibt es einen kleinen Spielplatz und für Stärkungen einen Kiosk. Und neben Ponys, Enten oder Ziegen, die du sicher als Haus- oder Bauernhoftiere kennst, gibt es auch einige exotische Geschöpfe zu sehen.

Aufgepasst: die Zwergmangusten!

So hüpfen zum Beispiel kleine Bennett-Kängurus fröhlich durch ihr Gehege. Die wachsamen Zwergmangusten sind Cousinen der Erdmännchen und mindestens genauso süß. Nasenbären können ganz schön gut klettern und unter den Waschbären gibt es hier sogar ein schneeweißes Exemplar. Der hat sich nicht zu oft gewaschen, sondern ist ein sogenannter Albino. Albinismus kommt sowohl bei Tieren als auch bei Menschen vor: Ihnen fehlen die Pigmente, das sind die kleinen farbigen Teilchen, die sonst für die Farbe von Haut und Haaren sorgen.

Info

KOBELT-ZOO
Schwanheimer Bahnstraße 5
60529 Frankfurt am Main

Tel. (0 69) 35 35 30 47
www.kobelt-zoo.de

Ein Zuhause für vernachlässigte Tiere

Eine weitere Sensation ist der Bewohner der Villa Wutz: Eber Wolfgang ist 8 Jahre alt. Normalerweise werden Mastschweine schon mit 6 Monaten geschlachtet – entsprechend riesig ist der alte Wolfgang! Wie er sind viele Bewohner des Kobelt-Zoos ehemalige Haus- oder Nutztiere, die hier krank oder vernachlässigt aufgenommen und gesund gepflegt wurden. Das ist bestimmt im Sinn des Namensgebers Wilhelm Kobelt, der von 1840 bis 1916 lebte: Der Arzt und Wissenschaftler hatte sich sein ganzes Leben lang für Tiere und für die Schwächsten der Gesellschaft eingesetzt.

Wäldchestag, oder: HAT FRANKFURT EINEN EIGENEN FEIERTAG?

Am Dienstag nach Pfingsten feiern die Frankfurter seit über 200 Jahren ihren heimlichen Nationalfeiertag, den Wäldchestag (ausgesprochen wird es „Wäldschestag"). Was früher ein Picknick im Stadtwald war, ist heute ein großer Jahrmarkt. Ein Vergnügen für die ganze Familie!

Rund um Pfingsten zieht es die Frankfurter in ihr *Wäldche* – so bezeichnen sie ihren Stadtwald. Wenn du nun meinst, dass sie sich dort an der Natur erfreuen und ein bisschen Ruhe finden wollen – dann liegst du ziemlich daneben! Das Gelände am Oberforsthaus im südlichen Stadtwald verwandelt sich nämlich in einen großen Jahrmarkt, zu dem rund 300.000 Menschen zusammenkommen. Bei Riesenrad, Achterbahn, Autoscooter, Geisterbahn und vielen anderen Fahrgeschäften bekommst du ordentlich Kribbeln im Bauch. Imbissbunden und Süßigkeitenstände dürfen natürlich ebenso wenig fehlen wie Musikbühnen. Die Feierlichkeiten beginnen am Pfingstsamstag und enden am Dienstag nach Pfingsten, dem eigentlichen Wäldchestag.

Schulfrei am Nachmittag

Der genaue Ursprung des Wäldchestags ist nicht eindeutig bekannt. Eine Vermutung ist, dass die Bauern nach Pfingsten ihr Vieh wieder auf die Weiden im Stadtwald getrieben haben und das anschließend mit einem großen Picknick feierten. Eine andere Erklärung bieten die großen und sehr festlichen

Info

FRANKFURT STADTWALD
Am Oberforsthaus
60528 Frankfurt am Main
www.frankfurt-tourismus.de

Handwerkerumzüge, die ebenfalls an Pfingsten stattfanden und Grund zum Feiern boten. Wie auch immer: Dem Frankfurter ist sein Wäldchestag nach wie vor heilig. Bis vor etwa 20 Jahren blieben tatsächlich alle Geschäfte, Schulen und Firmen nachmittags geschlossen. In Frankfurt ging an diesem Tag nichts mehr! Das ist zwar heute nicht mehr so, doch viele Museen, Behörden, Schulen sowie einzelne traditionelle Firmen geben nach wie vor an diesem Nachmittag frei.

Die Festmeile ist 1,8 Kilometer lang !

Kranke oder verletzte Wildtiere werden in einer Auffangstation wieder gesund gepflegt. Der Walderlebnispfad fordert deine detektivischen Fähigkeiten: Du suchst Tierfährten, steckst mutig die Hände in dunkle Fühlkästen oder läufst mit geschlossenen Augen über den Barfußpfad. Ganzer Körpereinsatz ist in der tierischen Weitsprunggrube gefragt: Anlauf nehmen, springen – und danach auf der Tafel neben der Grube schauen, ob du dich eher mit einem Frosch (2 Meter) oder einem Wildschwein (5 Meter) messen kannst. Interessant ist auch das Baumtelefon: Leg mal deinen Kopf an das eine Ende des umgedrehten Baumstamms. Wenn am anderen Ende jemand kratzt oder klopft, ist das erstaunlich gut zu hören. Ziemlich nützlich, denn so erfährt das Eichhörnchen in der Baumkrone ganz schnell, ob unten ein Marder am Stamm hochklettert, und kann sich rechtzeitig in Sicherheit bringen.

Kitzlige Sache: der Barfußpfad !

Wenn du noch mehr über den Wald wissen willst, findest du im StadtWaldHaus eine kleine Bibliothek mit spannenden Büchern. Oder du nimmst an einer Fledermausnacht, dem Krabbeltierfest oder einer Herbstwaldexkursion teil. Der Eintritt ist frei.

Info

INFORMATIONSZENTRUM STADTWALDHAUS & FASANERIE

Isenburger Schneise/Oberschweinstiege
60528 Frankfurt am Main

Tel. (0 69) 68 32 39
www.stadtwaldhaus-frankfurt.de

Wald-Rallye

Du kennst das bestimmt: Es ist Wochenende und deine Eltern wollen mit dir eine Runde im Wald spazieren gehen. Langweilig, findest du? Nicht, wenn du aus dem Spaziergang eine Wald-Rallye machst. Wenn du nämlich Augen und Ohren aufsperrst, wirst du schnell merken, dass es im Wald spannende Dinge zu entdecken gibt. Pack also am besten eine Becherlupe und einen Kompass ein, wenn du hast. Außerdem kommen noch ein paar Plastikspielfiguren oder -tiere aus dem Kinderzimmer mit. Und hier sind die Aufgaben für deine Wald-Rallye. Viel Spaß!

Finde folgende Paare:

- etwas Gelbes und etwas Rotes,
- etwas Hartes und etwas Weiches,
- etwas Glattes und etwas Raues,
- etwas Spitzes und etwas Rundes!

- Suche einen geeigneten Ast als Wanderstock!
- Lausche den Vögeln! Kannst du drei verschiedene heraushören und sie vielleicht sogar erkennen?
- Finde eine Tierspur! Von welchem Tier könnte sie stammen?
- Sammle drei verschiedene Früchte von Bäumen!
- Beobachte mindestens drei Krabbeltiere wie Ameise, Käfer oder Spinne, nutze die Becherlupe dazu!
- Bestimme mit dem Kompass die Himmelsrichtungen!
- Suche einen Baum, auf dem sich richtig gut klettern lässt!
- Entdeckst du einen Jägerhochsitz?
- Suche Tannenzapfen und wähle den größten, den du finden kannst!
- Baue für deine Spielfiguren eine Höhle aus Waldmaterialien wie Baumwurzeln, Moos, Tannenzapfen, kleinen Ästen oder Gräsern!

27

Opel-Zoo, oder:

WIE TARNEN SICH RIESEN?

Der Opel-Zoo ist wie ein Ausflug in die afrikanische Savanne. Hier beobachtest du Tiere beim Trinken am Wasserloch, beim Weiden oder bei der Fütterung am großen Baobab, dem Affenbrotbaum. Aus Afrika stammen auch die größten Landtiere der Welt: Giraffen und Elefanten kommst du im Opel-Zoo ganz nah.

Noch viel mehr afrikanische Tiere haben ein Zuhause im Opel-Zoo: zum Beispiel Zebras, Zwergflamingos, Geparde, Gnus, Strauße, Papageien oder Erdmännchen. Die Rothschild-Giraffen werden bis zu 5 Meter groß – sie sind die größten Tiere der Erde! Ihr Fell mit dem braunen Fleckenmuster wirkt auffällig, dabei ist es in der Natur eine hervorragende Tarnung. Wenn die Giraffen in der Savanne im Schatten von Bäumen stehen, sind sie von Weitem kaum zu erkennen.

Elefanten laufen auf Zehenspitzen !

Wunderwerk Elefant

Auch in der Elefantenanlage stehst du imposanten Tieren gegenüber. 7000 Kilogramm schwer werden die Afrikanischen Elefanten. Scheu sind sie nicht gerade, denn oft kommen sie an den Zaun, sperren erwartungsvoll den Mund auf und warten, dass du sie mit Karotten fütterst. Siehst du ihre Backenzähne? Sie sind nicht nur sehr groß, sondern wachsen sechsmal nach. So haben Elefanten immer funktionsfähige Zähne. Das ist für ihr Überleben dringend notwendig, denn ein Bulle muss am Tag 200 Kilogramm Nahrung kauen. Das wirkliche Wunderwerk aber ist der Rüssel.

Info

OPEL-ZOO
Am Opel-Zoo 3
61476 Kronberg im Taunus

Tel. (0 61 73) 3 25 90 30
www.opel-zoo.de

Oberlippe und Nase sind bei Elefanten zu einem echten Allzweckwerkzeug verwachsen, mit dem sie atmen, riechen, tasten, greifen, trinken, sich waschen und gestikulieren. Über 40.000 Muskeln machen den Rüssel so beweglich!

Ein Herz für Feldhamster

Aber auch heimische Tiere gibt es im Opel-Zoo zu sehen: Für den Feldhamster wurde hier eine Auffangstation errichtet, denn er ist bedroht und streng geschützt. Das gilt genauso für europäische Raubtiere wie Eulen, Eisfüchse oder Wildkatzen, die du hier beobachten kannst. Insgesamt leben rund 220 Tierarten im Opel-Zoo. Im Streichelzoo mit Schafen, Ponys und Ziegen kannst du mit den Tieren auf Tuchfühlung gehen, du kannst die spannenden Lehrpfade zu Umweltthemen erkunden oder dich einfach auf den großen Spielplätzen austoben.

28

Dottenfelderhof, oder:

WER DARF MIST MACHEN, OHNE ÄRGER ZU BEKOMMEN?

Ein richtiges Bauernhofparadies mit Kühen, Schweinen, Schafen, Hühnern wartet auf dich vor den Toren Frankfurts. Hier lernst du auch Schneewittchen, Habraxas und Hermine kennen. Die schwarzbunten Milchkühe bilden zusammen mit ihrer Herde das Herz des großen Bio-Bauernhofs.

Das liegt nicht (nur) an ihrer guten Milch, vor allem ihr Mist ist wichtig für die Landwirtschaft. Der kommt nämlich als Dünger auf den Acker, damit die Pflanzen besonders gut wachsen. Zum Beispiel Futterrüben, die (auch) die Kühe gerne essen. Das gibt dann wieder neuen Mist – ein Kreislauf entsteht! Solche Kreisläufe sind ein wesentliches Element der biologisch-dynamischen Landwirtschaft, wie sie der Dottenfelderhof betreibt. Eine weitere Besonderheit ist die artgerechte Haltung der Tiere. Die Kühe leben zum Beispiel Sommer wie Winter draußen. Das ist gut für ihre Gesundheit. Nur zum Essen und Melken kommen sie in den Stall. Jede Kuh weiß genau, an welchen Platz sie muss – in der Herde gibt es nämlich eine strenge Rangordnung.

Hier fühlen sich alle sauwohl

Auch die Schweine leben im Freien und dürfen dort noch richtig nach Futter wühlen. Das ist eine wichtige Beschäftigung für die neugierigen Tiere. Auf dem Hof gibt es außerdem 1400 Hühner. Die picken im Freiland nach Gras,

Info

DOTTENFELDERHOF
61118 Bad Vilbel
Tel. (0 61 01) 52 96-20
www.dottenfelderhof.de

Wurzeln und Würmern. Kaltblutpferd Max arbeitet kräftig mit, zum Beispiel wenn der Gemüseacker gepflügt wird. Natürlich gibt es auf dem Dottenfelderhof auch moderne Traktoren. Aber Pferde sind leichter als Maschinen, weshalb der Boden lockerer bleibt. Das ist wichtig, damit empfindliche Pflanzen ihre Wurzeln besser ausbreiten können.

Von montags bis samstags bist du willkommen, um mit deinen Eltern zusammen den Hof zu erkunden. Noch interessanter ist es aber, wenn die Hofbewohner bei Führungen und Veranstaltungen ihre Arbeit ausführlich erklären. Im Hof-Café kannst du die Sachen aus der hofeigenen Käserei und Bäckerei probieren, und nebenan gibt's auch noch einen tollen Spielplatz!

Der Hof ist über 1000 Jahre alt!

29

LiLu Frankfurt, oder:

WARUM BADET MAN IN LICHT UND LUFT?

Urlaubsfeeling in der Stadt: Das Licht- und Luftbad (kurz LiLu) liegt auf einer Maininsel in Niederrad. An diesem idyllischen Ort vergisst du ganz schnell, dass du mitten in der Großstadt bist: Der Main fließt an der großen Wiese vorbei, hohe Bäume wiegen sich im Wind und sogar ein kleiner Strand wartet auf dich.

Im LiLu kommen Spiel und Spaß nicht zu kurz. Auf dem Spielplatz kannst du klettern, rutschen, wippen, schaukeln. An heißen Tagen erfrischt dich dort auch eine Dusche. Oder doch lieber buddeln am kleinen Sandstrand? Hier kannst du auch gut die Schiffe beobachten, die auf dem Main entlangfahren. Lauf ruhig die Spazierwege bis ganz zur Spitze der Insel, denn dort findest du eine Aussichtsplattform. Im Café kannst du dich stärken – fällt dir auf, dass es ein bisschen wie ein Schiff aussieht? Es ist als Ponton konstruiert. Das bedeutet, dass es bei Hochwasser anfängt zu schwimmen – sehr praktisch, denn das Gelände ist eine Überschwemmungsfläche für den Main. Im Café kannst du dir übrigens auch einen Grill ausleihen und den Tag gemütlich ausklingen lassen.

Erholung für Arbeiterfamilien

Die Insel entstand um 1900, als hier die erste Schleuse Frankfurts gebaut wurde. Das Licht- und Luftbad war eine von vielen Badeanstalten am Main, die vor allem bei Arbeiterfamilien beliebt waren. Die Arbeit in den Fabriken war sehr anstrengend, viele Menschen wohnten in winzigen Wohnungen ohne Badezimmer. Im Freien konnten sie sich

Info

LICHT- UND LUFTBAD
Niederräder Ufer 10
60528 Frankfurt am Main

Tel. (0 69) 67 73 36 53
www.lilu-frankfurt.de

erholen und dabei endlich Licht und Luft tanken. Das war wichtig für die Gesundheit. Bis in die 50er-Jahre konnte man hier sogar schwimmen, aber dann war das Wasser so stark verschmutzt, dass Baden im Main verboten wurde. Aus dem Schwimmbad wurde ein Licht- und Luftbad. Heute ist die Wasserqualität des Mains wieder deutlich besser, dennoch solltest du nicht im Fluss baden. Die Strömung und der Sog, den die vielen Schiffe erzeugen, sind viel zu gefährlich.

Ein schwimmendes Café !

30

Lohrberg und MainÄppelHaus, oder:

WIE SCHMECKT PRINZ ALBRECHT VON PREUSSEN?

Der Lohrberg ist der höchste Berg auf dem Stadtgebiet. Hier kannst du nicht nur in einem riesigen Park mit Wiesen, alten Bäumen und einem Spielplatz toben, sondern hast auch eine tolle Aussicht auf Frankfurt. Im MainÄppelHaus lernst du, was Streuobstwiesen sind und warum sie so wichtig für die Natur sind.

Ein Spaziergang auf dem Lohrberg gehört zu den Frankfurter Ausflugsklassikern. Toll ist der riesige Hang, an dem du je nach Jahreszeit sonnenbaden, Drachen steigen lassen oder rodeln kannst. Im Sommer solltest du deine Badesachen nicht vergessen: Zum Spielplatz gehört nämlich auch ein großes Planschbecken.

Schützenswert: die Streuobstwiesen

Hinter dem Park beginnen Streuobstwiesen. Dort stehen viele und zum Teil sehr alte Obstbäume bunt verstreut – daher der Name. Zwischen den Bäumen ist also viel Platz, zudem wird nicht künstlich gedüngt. Beides sind gute Voraussetzungen dafür, dass sich Insekten, Vögel und Fledermäuse hier richtig wohlfühlen. Heute legen Obstbauern lieber einfach zu pflegende Plantagen für Äpfel, Birnen oder Kirschen an. Streuobstwiesen, wie du sie hier siehst, sind also selten geworden. Sie stehen daher unter besonderem Schutz.

Info

MAINÄPPELHAUS LOHRBERG STREUOBSTZENTRUM

Klingenweg 90
60389 Frankfurt

Tel. (0 69) 47 99 94
www.mainaeppelhauslohrberg.de

Alte Apfelsorten im Naturerlebnisgarten

Am Lohrberg kümmern sich die Betreiber des MainÄppel-Hauses um ihre Erhaltung. Über 150 Obstsorten pflegen sie, schwerpunktmäßig alte Apfelsorten. Schließlich spielen Apfelsaft und Apfelwein eine besondere Rolle im Rhein-Main-Gebiet. Oft haben die Äpfel lustige Namen wie *Schöner von Nordhausen*, *Pfannkuchenapfel* oder *Prinz Albrecht von Preußen*. Letzterer schmeckt übrigens süß-säuerlich und ist sehr saftig. Im Naturerlebnisgarten erfährst du noch viel mehr über die alten Streuobstwiesen. Und wenn du wissen willst, wie man zum Beispiel Apfelsaft keltert, Insektennistkästen baut, Kräuterseifen herstellt, oder wenn du einfach mal Fledermäuse beobachten möchtest – es werden viele Veranstaltungen angeboten, für die ganze Familie.

Der Lohrberg ist 187 Meter hoch!

31

Welterbe Grube Messel, oder:

WAS HATTE IDA VOR 48 MILLIONEN JAHREN ZUM FRÜHSTÜCK?

Dürfen wir vorstellen: Ida, das kleine Affenmädchen der Gattung Darwinius. Ida hatte Pech und doch wieder Glück: Sie hatte sich an der Hand verletzt, stürzte in einen Urwelt-See und ertrank. Dort lag sie vom Schlamm begraben, doch Millionen Jahre später fanden sie Forscher bei Ausgrabungen. Heute ist Ida eine der berühmtesten Fossilien aus der Grube Messel, aber es gibt natürlich noch viel mehr zu entdecken.

Du hast bestimmt schon einmal von Ausgrabungsstätten gehört: Orte, an denen Forscher besonders viele und interessante Versteinerungen finden, die manchmal schon viele Millionen Jahre alt sind. Solche Fossilien helfen dabei, die Entwicklung des Lebens von Pflanzen und Tieren auf der Erde besser zu verstehen.

Wir gehen auf Zeitreise

Einer der spannendsten und ergiebigsten Fundorte für Fossilien auf der ganzen Welt liegt praktisch vor der Haustür von Frankfurt: die Grube Messel, nur eine knappe halbe Stunde Autofahrt in Richtung Darmstadt. Hier gibt es so viele und so wichtige Fossilien, dass dieser Ort als erster in Deutschland zum UNESCO-Weltnaturerbe erklärt wurde und damit besonders strengen Schutz genießt. Das war 1995. Aber erwarte jetzt keine unberührte Natur: Die Grube Messel heißt nämlich so, weil hier über 100 Jahre lang nach Ölschiefer gegraben wurde. Das ist ein blättriges braunes Gestein, aus dem man Petroleum und andere Chemikalien gewinnen kann. Bis 1971 war die Grube Messel ein sogenannter Tagebau – ein riesiges Baggerloch mit mehreren Fabriken drum herum, die den Ölschiefer verarbeiteten.

Krokodile in Deutschland?!

Am Grund von urzeitlichen Seen und Meeren bildeten sich dicke Schlammschichten aus toten Pflanzen und Algen. Über Jahrtausende verfestigten sich solche Ablagerungen zu Ölschiefer. Immer wieder sanken auch tote Tiere auf den Grund, wo sie von Schlammschichten bedeckt wurden und ebenfalls versteinerten. Deshalb stieß man beim Abbau des Ölschiefers in Messel häufig auf Fossilien, zum Beispiel auf Fische, Insekten oder sogar einmal auf ein ganzes Krokodil. Trotzdem wollten Politiker aus der Grube nach ihrer Schließung tatsächlich zuerst eine riesige Müllkippe machen! Nur weil die Anwohner, aber auch viele Forscher hartnäckig dagegen protestieren, wurde dieser Plan aufgegeben und die Grube Messel ganz der Wissenschaft gewidmet.

Seit etwa 10 Jahren gibt es an der Grube Messel ein toll gestaltetes Besucherzentrum, das nicht nur viele Fossilien ausstellt, die hier gefunden wurden – von der Schlange bis zum Urpferdchen, einem Vorfahren unserer heutigen Pferde und Ponys. Du lernst auch Ida, das Urweltäffchen, kennen, dessen perfekt erhaltene Versteinerung 1983 entdeckt wurde. Stell dir vor: Man kann nicht nur das Fell von Ida im Stein erkennen, die Forscher konnten sogar anhand von Speiseresten im Magen herausbekommen, wovon sich Ida ernährte – nämlich von Blättern und Obst, zum Beispiel Trauben. Außerdem erfährst du viel darüber, wie es in Messel vor fast 50 Millionen Jahren aussah – da wuchs hier ein tropischer Urwald. Schau dabei zu, wie Paläontologen bei Ausgrabungen arbeiten und wie sie die Fossilien im Ölschiefer präparieren, also herausarbeiten und haltbar machen. Und in einem speziellen Raum fährt man wie mit einer Zeitmaschine scheinbar immer tiefer hinein in den ehemaligen Vulkankrater, in dem die Grube Messel entstand, und immer weiter zurück in der Erdgeschichte – aufregend!

Mit Forschern unterwegs

Hinaus in die eigentliche Grube geht es nur in Begleitung der Wissenschaftler, zum Beispiel bei einer Familienführung. Die Grube sieht erst mal aus wie ein sehr großer, alter Steinbruch. Aber die Führer können dir viel Überraschendes zeigen: zum Beispiel, wo der Ölschiefer zum Vorschein kommt, wie er aussieht, riecht und sich anfühlt. Oder wo gerade von Forschergruppen gegraben wird. Und wer gut aufpasst, entdeckt vielleicht sogar ein Krokodil!

Info

GRUBE MESSEL
Roßdörfer Straße 108
64409 Messel

Tel. (0 61 59) 71 75 9-0
www.grube-messel.de

Wir machen Fossilien

Fossilien wie in der Grube Messel entstehen zum Beispiel, wenn Pflanzen oder Tiere am Grund eines Sees im Schlamm versinken und dort unter Sauerstoffabschluss quasi konserviert werden, also erhalten bleiben. Über Jahrtausende türmt sich Schlammschicht auf Schlammschicht, irgendwann wird aus dem Schlamm Stein – und das Fossil versteinert. So viel Zeit haben wir natürlich nicht – trotzdem kannst du zu Hause auch künstliche Fossilien herstellen, die ziemlich echt aussehen. Dazu werden Pflanzenteile, zum Beispiel Blätter von Bäumen, Farnwedel oder interessante Gräser, vorsichtig in eine plastische Masse wie Ton, Salzteig oder Gips gedrückt. Das nennt man auch abformen. Willst du etwas experimentieren, dann nimm Spielzeug-Dinosaurier oder Muschelschalen vom Strand, damit lassen sich tolle Fossilien produzieren.

Ein einfaches Salzteig-Rezept geht so: Zwei Tassen Mehl und eine Tasse feines Salz vermischen. Mit einer Tasse Wasser und einem Teelöffel Speiseöl zu einer Knetmasse verarbeiten. Forme daraus Teigtaler in passender Größe für deine Fossilien. Lege Blätter oder Gegenstände auf die Teigtaler und drücke sie leicht an, damit sie sich im Teig abformen. Nimm die Gegenstände wieder ab. Jetzt kannst du den Salzteig backen oder einfach ein paar Tage trocknen lassen. Wenn dein Fossil hart geworden ist, kannst du es zum Beispiel mit einem Lappen und etwas brauner Kreide so tönen, dass es noch echter aussieht!

32 Weilbacher Kiesgruben, oder: WAS MACHT DIE ZIEGE IN DER GRUBE?

Im Westen vor den Toren Frankfurts wurde früher in großem Stil Kies abgebaut. Die Landschaft wurde dadurch stark zerstört, wie du an einigen Stellen deutlich sehen kannst. Seit über 30 Jahren ist das Gelände aber ein Naturschutzgebiet, und langsam erholt sich die Natur. Einen guten Überblick über das Gelände bekommst du natürlich beim Blick vom ungewöhnlich geformten Aussichtsturm.

Wie du siehst, sind dort, wo früher die Bagger den Kies abgebaut haben, Wiesen, kleine Wälder und Gewässer entstanden. Rekultivierung nennt man das. Der Silberseepfad führt dich einmal um das Naturschutzgebiet herum. Dabei fällt dir sicher die Ziegenherde auf: Es sind hübsche Kaschmirziegen, die am liebsten Gräser und Sträucher fressen. Als tierische Rasenmäher tragen sie dazu bei, dass die Natur so bleibt, wie sie ist, sonst würden aus den Wiesen schnell Wälder werden. Ein paar Wildesel helfen ihnen dabei. Von mehreren kleinen Aussichtsplattformen aus kannst du die Tiere beobachten.

Kletterfelsen und Barfußpfad

Unten vor dem Aussichtsturm steht ein riesiger Kletterfelsen, auf dem du sehr gut bouldern kannst. Daneben findest du einen Spielplatz, wo du selbst nach Herzenslust baggern und im Sand spielen kannst. Auch ein Barfußpfad schlän-

Info

NATURSCHUTZHAUS WEILBACHER KIESGRUBEN
Frankfurter Straße 74
65439 Flörsheim am Main
Tel. (0 61 45) 9 36 36-10
www.weilbacher-kiesgruben.de

REGIONALPARKPORTAL WEILBACHER KIESGRUBEN
Frankfurter Straße 76
65439 Flörsheim am Main
Tel. (0 61 45) 9 36 36 20
www.regionalpark-rheinmain.de

gelt sich durch die Bäume. Im Teich vor dem Besucherzentrum lassen sich prima Fische beobachten und im Sommer schwirren Libellen herum. Wenn du hungrig wirst, findest du hier auch ein Gasthaus.

Natur in und um Frankfurt

Auf dem Gelände steht auch das *Naturschutzhaus Weilbacher Kiesgruben* mit vielen Veranstaltungen zu Natur- und Tierthemen: zum Beispiel mit dem Kescher die Unterwasserwelt in den Seen erkunden oder Familien-Forschertage. Das große Besucherzentrum hingegen gehört zum Regionalpark RheinMain. Diese Einrichtung kümmert sich um die Natur in und um Frankfurt. Denn davon gibt es zwischen den Autobahnen, den Fabriken und dem Flughafen nicht mehr so viel! Umso wichtiger ist es, die verbliebene Landschaft so zu gestalten, dass man sich wie in den Weilbacher Kiesgruben gerne darin aufhält. Wenn du ins Besucherzentrum gehst, bekommst du viele Informationen zu den Ausflugszielen im Regionalpark RheinMain.

Der Aussichtsturm ist 27 Meter hoch !

33

Fun Forest Abenteuerpark, oder:

WIE WEIT FLIEGST DU MIT DEM FUCHS?

Bist du schwindelfrei? Hier im Kletterwald Fun Forest kannst du es beweisen: Auf vielen verschiedenen Parcours geht es bis zu 12 Meter hoch zwischen alten Bäumen über Seile und abenteuerliche Wackelbrücken. Passieren kann nichts, denn mit einem speziellen Klettergurt bist du immer gesichert.

Das finden deine Eltern bestimmt beruhigend: Wenn du einmal am Einstieg in einen der 16 Kletterparcours die Karabiner des Klettergurts eingeklickt hast, bleibst du „eingehängt" und bist damit in jeder Situation gesichert. Welche Routen du wählst, hängt dann nur noch davon ab, wie groß du bist – und was du dich traust. Denn auch mit Sicherung bleibt es eine Mutprobe, zwischen zwei Bäumen hoch über dem Boden nur auf einem Seil oder ein paar wackligen Brettern zu balancieren.

Kreischen erlaubt

Den Einstieg bilden die zwei Kinderparcours. Hier können sogar die ganz Kleinen zwischen 3 und 6 Jahren schon loslegen – ganz professionell mit Helm und Mini-Klettergurt. Wenn du 7 Jahre oder älter bist, wird die Auswahl groß: von kurzen, einfachen Routen in geringer Höhe bis zu langen Parcours, die kreuz und quer – und richtig hoch – durch den Kletterwald führen. Da schadet es nichts, wenn du körperlich wirklich fit bist! Richtig aufregend wird es, wenn der Parcours auch Seilrutschen enthält. Bei so einer Seilrutsche – auch *Flying Fox* (englisch für Fliegender Fuchs) ge-

Info

FUN FOREST ABENTEUERPARK OFFENBACH
Biebererstraße 276 a
63071 Offenbach am Main
Tel. (0 69) 85 70 20 00
offenbach.funforest.de

nannt – hängst du dich mit deinem Gurt in eine Seilrolle ein und saust dann wie der Blitz am Seil entlang durch die Luft! Kreischen ist dabei ausdrücklich erlaubt. Die längste Seilrutsche im Fun Forest ist etwa 100 Meter lang, ein echter Nervenkitzel.

Der Fun Forest liegt in einem schönen Park am Rand von Offenbach, einer direkten Nachbarstadt von Frankfurt. Deine Eltern können mitklettern und mal zeigen, wie mutig sie sind – oder vom Boden aus zuschauen und Stärkungen für dich bereithalten. Mitzubringen brauchst du nur stabile, geschlossene Sportschuhe und Sportkleidung, denn du kommst beim Klettern schon ins Schwitzen. Helm und Klettergurt musst du ausleihen, die sind aber im Preis für 3 Stunden Kletterzeit genauso mit drin wie eine gründliche Einweisung durch einen Trainer.

34

Brentanobad, oder:

WIE VIEL WASSER PASST IN DAS GRÖSSTE SCHWIMM-BECKEN EUROPAS?

Sommer, Sonne, Freibad? Kein Problem in Frankfurt. Es gibt insgesamt sieben Freibäder. Das größte ist das Brentanobad im Stadtteil Rödelheim. Halt dich fest: Es ist sogar das größte Freibad Europas! Es liegt in einem schönen alten Park am Flüsschen Nidda.

Nirgends in Europa kann man in einem Schwimmbecken so lange geradeaus schwimmen wie im Brentanobad. 220 Meter ist es lang und bis zu 50 Meter breit. Bis das voll ist, muss man ganz schön lang warten: Rund 10 Millionen Liter Wasser passen hier hinein! Bestimmt fragst du dich, warum das Becken so ungewöhnlich lang ist. Dazu musst du kurz in die Vergangenheit abtauchen.

Früher ein Flussbad

Als das Brentanobad hier vor etwa 100 Jahren eröffnete, war es ein Flussbad. Baden im Fluss war damals ganz normal. Die Flussbäder lagen meist an den etwas stilleren Seitenarmen, wie hier an der Nidda. Aber dann wurde Mitte des letzten Jahrhunderts die Wasserqualität in den Flüssen immer schlechter. Die Stadt beschloss daher, einige Flussbäder in normale Schwimmbäder umzubauen. Das lange Schwimmbecken erinnert immer noch ein bisschen an den Verlauf des alten Flussarms. Ob Fluss oder Schwimmbad – den Nilgän-

Info

BRENTANOBAD
Rödelheimer Parkweg
60489 Frankfurt
www.frankfurter-baeder.de

sen hier ist das ziemlich egal, und so kannst du dich beim Schwimmen öfter einmal über tierische Begleitung freuen.

Schwimmbad mit Eisdiele

Jede Menge Wasser erwartet dich also im großen Becken. Aber auch an Land kannst du dich sportlich betätigen: Beachvolleyball spielen oder dich auf dem Spielplatz austoben. Auf kleinere Geschwister wartet ein Planschbecken. Das Schwimmbad liegt in einem riesigen Park mit vielen alten Bäumen. Hier findest du selbst in der größten Sommerhitze ein schattiges Plätzchen. Noch mehr Abkühlung gefällig? Auf dem Gelände gibt es sogar eine eigene Eisdiele.

Eintritt für Kinder bis 14 frei !

Museumsufer, oder: WAS GIBT'S AM SCHAUMAINKAI ZU SEHEN?

Klar – auch andere Großstädte haben Museen. Aber gleich neun davon entlang einer Straße, mit Blick auf den Fluss? Das gibt es nur am Frankfurter Museumsufer! Allerdings noch gar nicht so lange: Die „Kulturmeile", wie sie sich heute den Besuchern zeigt, entstand erst vor etwas über 40 Jahren.

Ein Vorteil von Frankfurt ist, dass es auf relativ wenig Raum viel zu sehen gibt. Auf der Sachsenhäuser Mainseite liegen zwischen Alter Brücke und Friedensbrücke auf knapp 2 Kilometern gleich neun verschiedene Museen. Über die Fußgängerbrücken Eiserner Steg und Holbeinsteg gelangst du in wenigen Minuten zu weiteren Museen auf der Innenstadtseite, zum Beispiel zum Historischen Museum oder dem Goethehaus. Insgesamt 26 Museen haben ihr Angebot unter dem Namen *Museumsufer* zusammengefasst – einige davon stellen wir dir hier in eigenen Kapiteln ausführlich vor. Keine Sorge, niemand muss die alle in einem Rutsch anschauen! Die Museen widmen sich den Themen Kunst, Kommunikation, Architektur, Geschichte oder Film. Da ist bestimmt etwas dabei, was dich besonders interessiert. Einige der Museen, wie das Museum für Angewandte Kunst, haben schöne Parks, in denen du ausruhen und spielen kannst.

Kultur für alle!

Dass sich am Mainufer die Museen wie Perlen auf der Schnur aufreihen, ist kein Zufall. Das Städelmuseum und das Liebieghaus mit seiner Skulpturensammlung stehen schon sehr lan-

Info

www.museumsufer.de

ge am Schaumainkai. Aber die Idee zum Museumsufer hatte erst vor etwa 40 Jahren der damalige Kulturdezernent Hilmar Hoffmann. Sein Wahlspruch lautete: „Kultur für alle!". Innerhalb von wenigen Jahren schuf er mit den vorhandenen Museen, einigen alten Villen, die zu Museen umgebaut wurden, und Neubauten von berühmten Architekten das Museumsufer. Es ist bei Touristen und Einwohnern gleichermaßen beliebt: Pro Jahr zählen die Museen heute mehr als zwei Millionen Besucher! Und am letzten Samstag im Monat ist *Satourday* – da ist der Eintritt frei und es gibt viele spezielle Aktivitäten für Familien und Kinder.

Immer Ende August ist das große Museumsuferfest !

35

Hafenpark am Main, oder:

WELCHE SPORTLER BRAUCHEN RAMPS, RAILS UND BOWLS?

Direkt am Main, auf einem früheren Teil des Osthafen-Geländes, liegt der Hafenpark. Hier, im Osten Frankfurts, entstehen immer mehr Büros und Wohnungen, wo früher Gewerbe- und Industrieanlagen standen. Und die neuen Bewohner brauchen schließlich auch Platz, um zu spielen, zu toben, zu chillen und Sport zu treiben.

Sport und Spiel werden im Hafenpark deshalb großgeschrieben. Die Natur muss erst richtig wachsen, denn der Park ist noch ziemlich neu – er wurde 2015 eingeweiht. Wenn du dich hier umschaust, siehst du Brücken, Schiffe, Kräne und das blau spiegelnde Hochhaus der Europäischen Zentralbank (EZB) direkt nebenan. Du kannst also nicht vergessen, dass du dich mitten in der Stadt befindest! Das ändert aber nichts an der entspannten Atmosphäre hier im Hafenpark, der sich schnell zu einem Treffpunkt für sportliche Frankfurter entwickelt hat. Er bietet nämlich viele Möglichkeiten, sich fit zu halten: Auf zwei Basketballfeldern und zwei weiteren Sportfeldern, zum Beispiel für Fußball, treffen sich die Fans von Ballsportarten. Besonders toll sind aber die Spielplätze ausgestattet, denn es gibt riesige Kletter- und Höhlenkugeln, Trampolins, Turnstangen. Und nach einer so hohen Schaukel wie im Hafenpark musst du lange suchen! Zum Ausruhen oder Picknicken gibt es viel Platz für dich, deine Freunde oder deine Familie auf den Liegewiesen Richtung Mainufer.

Info

HAFENPARK AM MAIN
Mayfahrtstraße/Honsellstraße
60314 Frankfurt am Main

Für Skate-Profis

Der Hit im Hafenpark ist die riesige Skate- und BMX-Anlage. Sie besteht aus zwei Teilen, dem flachen *Street-Bereich* mit Stufen, Rampen und Rails sowie dem *Bowl*-Bereich mit vielfältig geformten Betonschüsseln, in denen du die verrücktesten Tricks mit dem Skateboard oder deinem BMX-Rad üben kannst. Aber Achtung, die Anlage ist ausdrücklich für Fortgeschrittene ab 8 Jahren gedacht! Für Anfänger und kleine Kinder kann es gefährlich werden, wenn die Großen auf ihren Sportgeräten angeflogen kommen. Wenn du noch an deinen Skills feilen willst: Hier bieten auch Skateboardschulen Kurse an. Und direkt nebenan, unter den Bögen der Honsellbrücke, zeigt der Kunstverein Familie Montez interessante Ausstellungen und verkauft Erfrischungen.

Ollie, Kickflip und Tailslide sind Skateboard-Tricks!

36

Abenteuerspielplatz Günthersburg, oder: WIE BAUST DU EINE HÜTTE?

Einfach so in der Natur zu spielen ist für Stadtkinder gar nicht so leicht möglich. Überall Autos, Häuser und Straßen! Aber zum Glück gibt es die Spielplätze vom Abenteuerspielplatz Riederwald e. V. Hier kannst du nach Herzenslust toben, sägen, hämmern oder buddeln.

Die Günthersburg im Stadtteil Nordend ist eine kleine grüne Oase nur für Kinder. Dir fallen bestimmt sofort die vielen Hütten ins Auge – manche fertig, andere noch im Rohbau. Hier sind deine handwerklichen Fähigkeiten gefragt: Am Kiosk leihst du dir Nägel, Hammer, Säge und Zange aus. Aus dem großen Bretterhaufen suchst du dir dein Baumaterial aus, bringst es mit der Säge in Form und hämmerst los: hier eine Wand, da ein Vorsprung. Du wirst schnell merken, dass es ganz schön lang dauert, bis so eine Hütte steht. Umso mehr wirst du am Ende stolz darauf sein, was du ganz alleine oder mit deinen Freunden geschafft hast! Falls du lieber den Pinsel schwingen willst, holst du dir Eimer mit Farbe und malst die Hütten bunt an.

Für Abenteurer und Entdecker

Noch viel mehr gibt es in den Hecken und Nischen des Abenteuerspielplatzes zu entdecken: eine Rutsche, ein Weidenzelt, einen Barfußpfad, einen Seilgarten – sogar Kaninchen hoppeln im Stall. Du kannst Tischtennis spielen, bouldern, Kletterkurse mitmachen, Basketball spielen oder bolzen – nichts kommt zu kurz. An der Feuerstelle wird

Info

ABENTEUERSPIELPLATZ GÜNTHERSBURG
Wetteraustraße 41
60311 Frankfurt
Tel. (0 69) 4 69 20 40
www.abenteuerspielplatz.de

Stockbrot oder Pizza gebacken. Hin und wieder gibt es Thementage und Werkangebote wie Bearbeiten von Speckstein oder Ytong-Steinen, Tonkneten, Schnitzen und Ähnliches. Kleinere Geschwister finden den Wasserspielbereich und Sandkasten toll. Kinder ab 6 Jahren dürfen übrigens ohne die Eltern auf den Spielplatz kommen. Es sind immer Mitarbeiter da!

Der Abenteuerspielplatz wird von einem Verein betrieben, der den Stadtkindern noch viele andere Spielgelegenheiten bietet. Nicht verpassen solltest du die Mainspiele in den Sommerferien mit ihren tollen Spielstationen am Mainufer – da kommt keine Ferienlangeweile auf.

Weitere Abenteuerspielplätze gibt's in Riederwald und Dornbusch !

37

Freizeitpark Lochmühle, oder:

WO KOMMEN EICHHÖRNCHEN SO RICHTIG IN FAHRT?

Mitten in der Natur Achterbahn fahren? Das geht im Freizeitpark Lochmühle. Er liegt eine halbe Autostunde von Frankfurt entfernt im schönen Taunus. Rund 100 Fahrgeschäfte und Spielmöglichkeiten erwarten dich hier. Anders als in anderen Freizeitparks kannst du hier auch mit Tieren spielen, im Bach planschen oder auf der Wiese toben – die Lochmühle war nämlich früher mal ein Bauernhof.

Vieles erinnert dich an die landwirtschaftliche Vergangenheit der Lochmühle: Alte Traktoren stehen über das Gelände verteilt. Auch Streichelzoo und Tierkinderstube sind eher ungewöhnlich für einen Freizeitpark – hier kannst du nämlich mit Kühen, Schafen, Ziegen, Eseln und Kaninchen kuscheln, süße Tierbabys bewundern oder eine Runde auf einem Pony reiten.

Reserviert euch eine Grillhütte!

Kribbeln im Bauch

Die Eichhörnchenbahn dreht zwar keine Loopings, aber mit einer Geschwindigkeit von 30 Kilometern pro Stunde flitzt du schneller als ein echtes Eichhörnchen durch die Natur. Auch die Robinson-Wellenfahrt und das Blütenkarussell wirbeln dich ordentlich im Kreis herum. Die Pendelbahnen oder die Riesenrutsche verursachen bestimmt Kribbeln in deinem Bauch. Im Autoscooter sitzt du selbst am Steuer und im Wasserbob hüpfst du mit einem großen Sprung ins Wasser. Toll bei heißem Wetter! Wenn du mindestens 7 Jahre alt bist, kannst du die meisten Fahrgeschäfte sogar allein fahren.

Info

FREIZEITPARK LOCHMÜHLE
Lochmühle
61273 Wehrheim

Tel. (0 61 75) 79 00 60
www.lochmuehle.de

Im Traktor durchs Gemüse

Möchtest du es zwischendurch mal ruhiger angehen lassen? Die elektrische Eselreitbahn schaukelt dich sanft über die Wiese. Mit der Traktor-Schienenbahn fährst du auf einem Bauernhof-Lehrpfad vorbei an verschiedenen Gemüsesorten. Bei der Helikopterbahn darfst du sogar selbst in die Pedale treten und bekommst dabei einen super Überblick über das Gelände. Interessierst du dich für Römer? Direkt auf dem Parkgelände sind Überreste der römischen Grenze Limes und eines Kleinkastells zu sehen – im Römer-Parcours zeigen dir Titus und Julia, wie sie vor 2000 Jahren gespielt und gewohnt haben und was rund um das Kastell so los war. Für weitere Abwechslung sorgen die großen Abenteuerspielplätze mit tollen Klettergerüsten, Trampolinanlage oder eine Minigolfbahn.

38

Radtour Regionalpark-Safari, oder: WO KÖNNTEN NILPFERDE BADEN GEHEN?

Radelst du gern? Magst du Tiere? Auf der Regionalpark-Safari von Zoo zu Zoo kannst du beides verbinden – und siehst dabei noch eine Menge von der Frankfurter Innenstadt, den westlichen Stadtteilen, dem Tal der Nidda und dem Vordertaunus.

Schnitzeljagden machen Spaß – und um so etwas Ähnliches handelt es sich auch bei der Regionalpark-Safari. Das ist eine Radtour speziell für dich, deine Geschwister und deine Eltern. Die Strecke ist knapp 25 Kilometer lang. Start- und Zielpunkt sind die beiden großen Tiergärten im Rhein-Main-Gebiet, der Frankfurter Zoo mitten in der City und der Opel-Zoo in Kronberg am Südrand des Taunus. Zu beiden Zoos findest du eigene Kapitel hier im Buch.

Jetzt stell dir vor, die Tiere aus den beiden Zoos wären ausgebüxt und würden sich in der Stadt und im Umland ein schönes Zuhause suchen: Was würde passieren, wo würden sie sich wohlfühlen und vielleicht einen Schlafplatz suchen? Das ist die Idee hinter dieser Fahrrad-Safari. Entlang der Route findest du 46 Stationen, die durch spezielle, lustige Schilder markiert sind: Der Waschplatz für Nilpferde, die Wasserskibahn für Enten, der Treffpunkt für Mähnenwölfe oder der Schlafplatz für Würgeschlangen ...

Dem Zebramuster nach

Es macht Spaß, nach den Schildern Ausschau zu halten, und du lernst dabei eine ganze Menge über das Verhalten der

Info

REGIONALPARK-SAFARI
Tel. (0 61 45) 9 36 36 20
www.regionalpark-rheinmain.de

Flyer und Tourenplan können gratis bestellt werden.

Tiere. Markiert ist die Strecke mit Wegweisern im Zebramuster. Falls dir die gesamte Strecke zu lang ist, kannst du natürlich an jeder Stelle der Tour aus- oder einsteigen. Innerhalb Frankfurts führt der Weg hauptsächlich durch Anlagen und schöne Parks, aber auch schon mal auf Radstreifen an der Straße durch die Wohnviertel. Später geht es über autofreie Wege entlang der Nidda und schließlich durch Felder und Obstwiesen leicht bergauf bis nach Kronberg. Die Tour führt auch an einigen tollen Spielplätzen vorbei. Nehmt euch vielleicht ein paar Leckereien und eine Decke für ein Picknick mit oder macht einfach in den Ortschaften am Weg mal Rast: Bei einem Eis oder Snack macht eine Pause richtig Freude. Und gut aufpassen – vielleicht entdeckst du ja wirklich ein wildes Tier unterwegs!

Helm und Proviant nicht vergessen!

39

Titus Thermen, oder:

WARUM HAST DU IM SCHWIMMBAD SUPERKRÄFTE?

Die Titus Thermen sind ein Erlebnisbad in Frankfurt mit Wasserrutsche und Strömungskanal. Der Spaß ist gar nicht teuer, denn in allen Bädern der Stadt Frankfurt haben Kinder bis 14 Jahre freien Eintritt!

In den Titus Thermen sieht alles sehr römisch aus. Therme ist nämlich ein lateinisches Wort und bedeutet warm. Die Römer bezeichneten so ihre öffentlichen Badehäuser. Die Titus Thermen stammen aber nicht aus der Römerzeit, sondern sind eigentlich ein ganz modernes Schwimmbad: Im Erlebnisbecken wirbelt dich der Strömungskanal ganz schnell durch das Becken. Wie in einem wilden Fluss kannst du dich vom Wasser einfach mitreißen lassen. Das Highlight ist die 50-Meter-Wasserrutsche. Viel schneller als auf dem Spielplatz geht es nach unten! Die Wasserrutsche endet im Abenteuerbecken. Dort sind eine Felsengrotte und ein Wasserfall. Falls du lieber sportlich schwimmen willst, kannst du im 25-Meter-Sportbecken deine Bahnen ziehen. Hier findest du auch das 1-Meter-Sprungbrett. Gemütlich ist es in den Whirlpools – bei 36 Grad lässt es sich herrlich entspannen. Noch heißer wird es nur in der großzügigen Saunalandschaft, die allerdings Extraeintritt kostet.

Ganz leicht dank Auftrieb

Ist dir schon einmal aufgefallen, dass du im Wasser deine Freunde, Geschwister oder vielleicht sogar die Eltern ganz leicht hochheben kannst? Hast du auf einmal Superkräfte

Info

TITUS THERMEN

Walter-Möller-Platz 2
60439 Frankfurt am Main

Tel. (0 69) 27 10 89 12 00
www.frankfurter-baeder.de

bekommen? Nein, es liegt nur am Auftrieb, der unter Wasser auf jeden Körper einwirkt. Diesen Auftrieb spürst du sehr gut, wenn du einen Wasserball unter Wasser drücken möchtest. Gar nicht so einfach, du musst dich ganz schön anstrengen. Der Auftrieb im Wasser ist also eine Kraft, die nach oben drückt und dir hilft, Mama oder Papa ganz einfach hochzuheben.

40

Boulderhalle Dynochrom, oder:

WARUM WIRST DU FÜR EINE 6 GEFEIERT?

Klettern macht fast allen Kindern Spaß, oder? Das Sportklettern ohne Seil und Haken heißt Bouldern, das kommt vom englischen Wort *boulder* (Felsblock). Dabei kletterst du nur so hoch, dass du noch gefahrlos abspringen kannst. In der Boulderhalle gibt es dafür Wände mit speziellen Griffen und einen dick gepolsterten Boden, damit sich keiner wehtut.

Viele Klettersportler, die im Sommer am liebsten auf echte Felsen kraxeln, möchten auch im Winter oder bei schlechtem Wetter trainieren. Für Großstädter liegen schöne Kletterfelsen in der Natur oft viel zu weit weg. Deshalb sind Boulderhallen wie das Dynochrom in Frankfurt entstanden. Einfache Kletterwände hast du bestimmt auch schon auf Spielplätzen oder Schulhöfen gesehen. In das Dynochrom sind solche Kletterwände in vielen Variationen eingebaut: bis zu 5 Meter hoch, mal leicht geneigt, mal senkrecht – und für die Könner auch mit wilden Vorsprüngen, Spalten und Überhängen.

Denksport mit dem Körper

Das Schöne am Bouldern ist, dass man – außer Kletterschuhen, die du dir in der Halle auch leihen kannst – eigentlich keine besondere Ausrüstung braucht: kein Seil, keinen Gurt, keine Haken. Durch den gepolsterten Boden brauchst du keine Angst zu haben, dich zu verletzen, wenn du mal runterfällst. Also: einfach los und ausprobieren! Die Aufgabe ist:

Info

DYNOCHROM BOULDERHALLE
Flinschstraße 45
60388 Frankfurt am Main
Tel. (0 69) 40 80 27 70
www.dynochrom.de

Du musst an einem markierten Startpunkt in den Boulder einsteigen und darfst dann nur Griffe der gleichen Farbe benutzen. Am obersten Griff wird abgeklatscht. Gelb und Blau sind einfach, da hast du schnell ein Erfolgserlebnis. Doch schon bei Grün oder Orange wird's kniffliger. Aber Übung macht den Meister!

Das Team vom Dynochrom bietet Kurse und Camps für Kinder an, bei denen du an deiner Klettertechnik feilen kannst. Nicht umsonst sprechen richtige Boulder-Profis nicht von einer Route, sondern von einem Problem. Denn manche Boulder sind wirklich wie ein Rätsel, das es zu lösen gilt: am besten erst mal vom Boden aus anschauen und sich einen Plan überlegen. In der Halle gibt es etwa 200 Boulder in Schwierigkeitsgraden von 2 (leicht) bis 8b (superschwer). Wenn du also eine 6 schaffst, kannst du – anders als bei einer Klassenarbeit – richtig stolz sein und dich feiern lassen!

Grüne Soße, oder:

WAS FÄRBT DIE SOSSE GRÜN?

Die „Grie Soß" ist so was wie das Frankfurter Nationalgericht und ein echtes Markenzeichen der Stadt. Es gibt kaum ein Frankfurter Gasthaus, in dem sie nicht auf der Karte steht. Weil sie so beliebt ist, wird sie sogar mit einem Denkmal und einem eigenen Festival geehrt.

Für die Grüne Soße gibt es so viele Rezepte, wie es Familien in Frankfurt gibt, und um die Zubereitung streiten sich die Geister. Ganz sicher aber gehören folgende sieben Kräuter rein: Petersilie, Schnittlauch, Kerbel, Kresse, Pimpernelle, Sauerampfer und Borretsch. Sie werden fein gehackt, mit Schmand oder Joghurt verrührt und mit etwas Essig oder Zitronensaft, Senf, Pfeffer und Salz abgeschmeckt. Beim Hacken der Kräuter tritt der grüne Blattfarbstoff Chlorophyll aus und verhilft der Soße zu ihrer schönen Farbe. Traditionell serviert man dazu hart gekochte Eier und Kartoffeln. Der Legende nach soll die Grüne Soße auch Goethes Leibgericht gewesen sein. Doch Experten bezweifeln das, denn vermutlich wurde die Grüne Soße erst nach Goethes Tod erfunden.

Nur echt mit sieben Kräutern

Die Frankfurter lieben ihre Spezialität so sehr, dass sie ihr ein eigenes Denkmal gesetzt haben. Im Stadtteil Oberrad, wo die meisten der Kräuter angebaut werden, stehen sieben kleine Gewächshäuser in einer Reihe. Jedes ist genau im Grünton eines der Kräuter eingefärbt und leuchtet im Sonnenlicht. Am

Info

GRÜNE SOSSE DENKMAL
Speckweg
60599 Frankfurt

GRÜNE SOSSE FESTIVAL
Roßmarkt
60311 Frankfurt am Main
www.gruene-sosse-festival.de

besten, du radelst einmal durch die Oberräder Gärten und Felder und schaust dir dort alles genau an.

Frankfurt im Grüne-Soßen-Fieber

Traditionell startet die Saison am Gründonnerstag vor Ostern – dann fallen dir auf Marktständen und Gemüsetheken vielleicht auch die weißen Papierpäckchen auf, in die die Kräuter liebevoll zum Verkauf eingewickelt werden. Magst du Grüne Soße auch so gern? Richtig satt essen kannst du dich daran auf dem *Grüne Soße Festival* im Mai. Eine ganze Woche lang wird in der Innenstadt die beste Grie Soß der Region gesucht. Oder du hilfst am *Grüne Soße Tag* im Juni dabei, den Weltrekord im Grüne-Soße-Essen aufzustellen: Über 230.000 Portionen müssen dafür verspeist werden!

Es gibt sogar Grüne-Soße-Eis !

41

Eissporthalle Frankfurt, oder:
WARUM LAUFEN LÖWEN SCHLITTSCHUH?

Egal, ob du gerne selbst Pirouetten drehst oder lieber zusiehst, wenn der Puck ins Tor zischt: Alle Fans von Action auf spiegelglattem Eis treffen sich in Frankfurt in der großen Eissporthalle am Festplatz Ratsweg.

Selbst wenn du schon oft eislaufen warst: Die Eissporthalle wird dich beeindrucken, wenn du sie das erste Mal siehst. Denn zu der Anlage gehören nicht nur die große Haupthalle, die auch dem Ligaclub *Löwen Frankfurt* als Eishockeystadion dient, sondern noch zwei kleinere Hallen und ein großer Außenring, auf dem man im Winter seine Runden im Freien drehen kann: Insgesamt sind das über 9000 Quadratmeter Eisfläche. Trotzdem wird es an schönen Winterwochenenden manchmal eng auf dem Eis, viele Familien und Jugendliche tummeln sich hier.
Klar – das Eis wird in so einer Eishalle künstlich erzeugt. Unter den Eisflächen liegt dafür eine Betonplatte mit Rohren drin, in denen ein Kühlmittel kreist. Weil die Kühlung im Sommer zu viel Energie benötigt, ist die Eissporthalle nur von September bis April geöffnet. Aber im Sommer gehst du wahrscheinlich auch lieber schwimmen oder inlineskaten!

Beim Eishockey geht's rund

Trotzdem ist das Eislaufen etwas ganz Besonderes. Durch die Winterluft zu gleiten und dabei immer sicherer und schwungvoller zu werden, ist ein tolles Gefühl! Wenn du keine Schlittschuhe besitzt, kannst du sie dir natürlich leihen – und wenn du noch nie vorher eislaufen warst, fühlst du dich

Info

EISSPORTHALLE FRANKFURT
Am Bornheimer Hang 4
60386 Frankfurt am Main
Tel. (0 69) 2 12-3 93 08
www.eissporthalle-ffm.de

vielleicht mit einem der großen Plastikpinguine sicherer, die man sich als Stütze zum Üben mieten kann. Wichtig ist, dass du dich warm genug anziehst und nicht vergisst, zur Sicherheit Handschuhe zu tragen!

Wenn die Frankfurter Löwen ein Eishockeyspiel haben, hat der Eislaufbetrieb Pause. Aber die Löwen freuen sich auch über Zuschauer, die sie anfeuern! Eishockey ist ein Sport mit richtig viel Action: Der Puck zischt blitzschnell übers Eis und die Spieler krachen immer wieder heftig gegen die Bande. An normalen Eislauftagen kannst du oft Jugendspieler beim Training beobachten und dir vielleicht ein paar coole Tricks abschauen!

Der Außenring ist 400 Meter lang!

42

Waldspielpark Heinrich-Kraft-Park, oder: WIE SPIELST DU MIT DEN FÜSSEN GLOCKENSPIEL?

Vor vielen Jahrzehnten hatten die Frankfurter eine tolle Idee für Kinder: Spielparks im Stadtwald mit ganz viel Platz zum Toben. Insgesamt gibt es sieben solcher Waldspielparks. Der Heinrich-Kraft-Park in Fechenheim ist der größte. Also schnapp dir ein paar Freunde, denn hier kannst du mit ihnen um die Wette rutschen.

Beeindruckend ist die riesige Holzburg, die du nur durch Klettern erobern kannst. Durch zwei lange Röhrenrutschen geht's wieder runter – wer ist am schnellsten? Auch die große silbrige Halbkugel gegenüber gewinnt vermutlich sofort deine Aufmerksamkeit: Wie schnell schaffst du es auf diese spiegelglatte Kugel? Richtig in Fahrt kommst du dann mit der langen Seilbahn. Beim Tanzglockenspiel erzeugt jeder deiner Hüpfer einen melodiösen Ton. Es steht im *Tabaluga*-Spielbereich. Der ist etwas ganz Besonderes, denn hier gibt es extra Spielgeräte für Kinder mit Behinderungen, zum Beispiel eine Rollstuhlwippe oder ein Klettergerüst für Sehbehinderte.

Skaten und Boarden

Auf keinen Fall solltest du deine Inlineskates oder dein Skateboard vergessen, denn für beides sind große Extraflächen vorhanden. Aber es gibt auch noch ein Basketballfeld, zwei Bolzplätze und viele Tischtennisplatten, wo du mit deinen Freunden viel Spaß haben kannst. Oder wie wäre es mit einer Runde Minigolf? Schläger kannst du dir am Kiosk ausleihen.

Info

WALDSPIELPARK HEINRICH-KRAFT-PARK
Kilianstädter Straße
60386 Frankfurt

Dort gibt es übrigens auch Toiletten, sodass einem langen Tag im Park nichts im Wege steht.

Beliebte Ausflugsziele im Grünen

Willst du wissen, wo die anderen Waldspielparks sind? Es gibt einen in Oberrad (Scheerwald), einen in Sachsenhausen (Goetheturm), zwei in Niederrad (Louisa und Carl-von Weinberg-Park) und je einen in Schwanheim und an der Stadtgrenze zu Neu-Isenburg (Tannenwald). Die Plätze sind ganz unterschiedlich gestaltet. Einige haben Wassersprühanlagen, andere Minigolfbahnen – allen gemeinsam ist, dass sie mitten im Grünen sind. Die Attraktion des Waldspielparks in Sachsenhausen war übrigens der Goetheturm, ein hoher Aussichtsturm ganz aus Holz, der das heimliche Wahrzeichen Frankfurts war. Leider brannte er 2017 komplett ab, aber er soll so schnell wie möglich wieder aufgebaut werden.

Spiel und Spaß im Wald !

43

Langener Waldsee, oder:

WIE ENTSTEHT EIN BAGGERSEE?

Wenn im Sommer die Sonne lacht, heißt es: raus aus der Großstadt, auf an den Badesee! Einen der schönsten und größten im Rhein-Main-Gebiet findest du südlich von Frankfurt, beim Städtchen Langen.

Der Langener Waldsee ist wie viele Badeseen ein Baggersee: Seit fast 100 Jahren wird bei Langen nach Sand und Kies gebuddelt, die als Baustoffe sehr begehrt sind. Die Kiesgruben laufen dann mit Grundwasser voll und können zum Baden genutzt werden. Direkt in der Nachbarschaft zum Strandbad sind sogar noch Kiesbagger in Betrieb! Am Strandbad selbst buddeln nur noch die zweibeinigen Wasserratten. Platz ist genug: Es gibt einen 900 Meter langen Sandstrand, große Liegewiesen mit Sonnensegeln und schwimmende Badeplattformen im See. Natürlich findest du hier auch Duschen, Toiletten und einen Kiosk mit Imbiss, sodass einem langen Badetag nichts im Weg steht! Austoben kannst du dich auf dem Spielplatz oder beim Beachvolleyball. Für Nichtschwimmer gibt es einen abgegrenzten Bereich zum Planschen. Aufmerksame Bademeister und Rettungsschwimmer sind im Notfall zur Stelle – das wird deine Eltern beruhigen. Die Saison dauert in Langen von Mitte Mai bis Mitte September. Aber auch außerhalb dieser Zeit lohnt sich ein Ausflug zum Waldsee, denn dann kannst du hier ganz in Ruhe Rad fahren, spazieren gehen oder Wasservögel beobachten.

Frankfurts Sandstrand

Info

LANGENER WALDSEE
63225 Langen
www.langen.de/de/strandbad-langener-waldsee.html
Waldseebus: www.kvgof.de

Einmal im Jahr kocht das Wasser am Waldsee: Immer Anfang Juli startet hier nämlich mit dem Ironman Frankfurt die Europameisterschaft im Triathlon! Dann stürzen sich rund 3000 Teilnehmer in ihren Spezialanzügen gleichzeitig ins Wasser und schwimmen erst mal 3,8 Kilometer im See, bevor sie noch 185 Kilometer Rad fahren und danach einen Marathon laufen – irre! Bei schönem Badewetter ist am Waldsee aber auch ohne Triathlon viel los. Unser Tipp: Mit den öffentlichen Verkehrsmitteln erreicht man den See prima, zum Beispiel mit der S-Bahn bis Buchschlag und dann mit dem Waldseebus bis zum Strandbad. Oder per Fahrrad – es sind zwar immerhin etwa 13 Kilometer von Frankfurt aus, aber die Strecke ist flach und führt durch den Wald. Natürlich kann man auch mit dem Auto kommen, aber Parkplätze sind am See leider knapp und kostenpflichtig.

Der Waldseebus fährt nur bei Badewetter !

44

Alter Flugplatz, oder:

WARUM KANNST DU AUF EINER ECHTEN LANDEBAHN SKATEN?

Vögel zwitschern, die Nidda plätschert und üppige Wiesen laden zum Picknick ein. Was das mit Action zu tun hat? Lass dich nicht täuschen, denn der Alte Flughafen ist Frankfurts bester Ort, wenn du mal richtig durchstarten willst.

Die schöne Wiesenlandschaft an der Nidda wurde früher ganz anders genutzt. Fast 40 Jahre war hier der amerikanischer Militärflugplatz Maurice Rose Airfield. Seit 2002 dürfen aber höchstens noch bunte Drachen in die Höhe starten, denn das Gelände wurde sehr ungewöhnlich umgestaltet. Ganz bewusst blieben Teile des Flugplatzes erhalten. Allen voran die ehemalige Landebahn: Ob Fahrrad, Roller, Inlineskates oder Skateboard – 750 Meter Betonpiste stehen dir dafür zur Verfügung.

Von der Landebahn zur Wildnis

Im hinteren Teil der Landebahn hat sich die Natur ihren Platz zurückerobert. Die Asphalt- und Betonflächen des alten Flugplatzes wurden aufgebrochen. Je nach Beschaffenheit des Bodens und der Größe der Betonplatten haben sich Flora und Fauna ganz unterschiedlich entwickelt: In einem Teil entstanden Teiche mit Fröschen, in anderen Teilen wuchsen Wälder. Zahlreiche Tierarten siedelten sich in beiden Biotopen an. Kaum zu glauben, dass hier vor 20 Jahren noch eine Betonwüste war! In den Sommermonaten zeigen dir die

Info

ALTER FLUGPLATZ
Am Burghof 55
60437 Frankfurt
www.frankfurt.de/alterflugplatz

Landschaftslotsen von der Naturschule Hessen gerne, was in der neuen Wildnis alles wächst.

Wasserraketen und Ufos

Nach so viel Bewegung und Naturerkundung bist du sicher hungrig. Im Baumhain kannst du toll picknicken und in einem ehemaligen Hangar gibt es ein Café mit Eis, Kuchen und Getränken. Ein weiterer Hangar beherbergt das Frankfurter Feuerwehrmuseum, wo alte Ausrüstungen, Uniformen und historische Löschfahrzeuge zu bestaunen sind.

In den Sommerferien lohnt sich auch der Besuch der Grüngürtel-Sommerwerkstatt. Hier werden spannende Workshops angeboten. Du kannst lernen, wie man Wasserraketen oder ungewöhnliche Flugobjekte baut, und du lernst einiges über Aerodynamik. Das Beste ist, dass du deine Konstruktionen auch gleich selbst testen kannst – sogar auf einer richtigen Startbahn!

45

Ebbelwei-Express, oder: WO GIBT'S ZUM APFELSAFT EINE STADTRUNDFAHRT?

Eine Stadtrundfahrt der ungewöhnlichen Art machst du mit den lustigen alten Straßenbahnen des „Ebbelwei-Express". In den knallbunt angemalten Wagen fährst du an fast allen Sehenswürdigkeiten Frankfurts vorbei und kannst dir einen guten Überblick über Frankfurt verschaffen.

Aber woher der komische Name? Ebbelwei ist hessisch und bedeutet Apfelwein. Der spielt bei den Erwachsenen in Frankfurt eine große Rolle – aber das hast du vielleicht schon mitbekommen. Er wird in einem besonderen Gefäß serviert (dem Bembel) und aus einem besonderen Glas getrunken (dem Gerippten) und gehört zu den hiesigen Spezialitäten.

Ein rollendes Gasthaus!

Während der Rundfahrt im Ebbelwei-Express gibt es für die erwachsenen Fahrgäste Apfelwein, aber natürlich auch leckeren Apfelsaft für Kinder zu trinken. Und Brezeln zu essen gibt's für alle. Die ehemaligen Straßenbahnwagen der Frankfurter Verkehrsgesellschaft sind echte Oldies: Sie wurden vor rund 70 Jahren gebaut. 1977 bekamen sie für ihre künftige Aufgabe eine knallbunte Bemalung mit Frankfurter Persönlichkeiten und Sehenswürdigkeiten. Erkennst du welche? Goethe ist zum Beispiel drauf, der Römer oder der Eiserne Steg.

Info

EBBELWEI-EXPRESS
www.ebbelwei-express.de
Tel. (0 69) 2 13-2 24 25
Den Fahrplan gibt's auf der Internetseite. Die Bahnen fahren nur samstags, sonntags und an Feiertagen.

Einmal durch Frankfurt

Du kannst an jeder der 29 Haltestellen einsteigen und einmal rundum fahren. So geht es zum Beispiel vom Hauptbahnhof vorbei an den Hochhäusern der Mainzer Landstraße bis zur Festhalle und dem Messeturm. Von dort fährst du runter zum Main, vorbei am Westhafen mit dem Westhafen Tower. Über die Friedensbrücke geht es zum Museumsufer nach Sachsenhausen, das die Frankfurter auch „Dribb de Bach" nennen – hessisch für „drüben vom Bach". Nach einer Fahrt durch Sachsenhausen geht es wieder „hibb de Bach", also wieder über den Main drüber mit einem schönen Blick auf die Hochhaus-Skyline. Dann fährst du zum Zoo, bevor du an Dom, Römer und Oper vorbei zum Hauptbahnhof zurückkehrst.

Frankforderisch sprechen, oder:

WIE GRÜSST MAN SICH MIT EINEM EI?

Der Frankfurter redet nicht, er babbelt. Das hört sich sehr weich und gemütlich an: „Ei horsch emol, Babba" heißt auf Hochdeutsch so viel wie „Papa, hör doch mal zu". Damit du „hibb de Bach" von „dribb de Bach" unterscheiden kannst, findest du hier die wichtigsten Vokabeln.

Wenn dich das Frankforderische mit den vielen „sch"-Lauten und der oft näselnden Aussprache an Französisch erinnert, dann liegst du gar nicht so falsch: Die Franzosen besetzten die Frankfurter Region öfter und hinterließen ihre Spuren in der Sprache. Einige Vokabeln können ihre französische Herkunft nicht verleugnen: Der Gehweg ist ein Troddwar (französisch: *trottoir*) und die Familie nennt man nicht ganz so freundlich Bagaasch (französisch: *bagage,* für Gepäck).

Eine der häufigsten Redewendungen ist „Ei Gude, wie?". Der Frankfurter fasst sich gerne kurz und meint damit „Guten Tag, wie geht's dir?". „Ei" hat also überhaupt nichts mit Hühnern zu tun – es ist einfach ein gerne gebrauchtes Füllwort. Der Frankfurter Dialekt machte übrigens auch vor Goethe, dem berühmten Dichter und Sohn der Stadt, nicht halt: „Wie Himmelskräfte auf und nieder steigen/Und sich die goldenen Eimer reichen ..." heißt es in seinem berühmten Werk *Faust*. Das reimt sich eindeutig nur, wenn du es im hessischen Dialekt aussprichst!

Auf gut Frankforderisch

aach	-	**auch**
alls	-	**immer, ständig**
babbisch	-	**klebrig**
Batschkapp	-	**Schiebermütze**
Bembel	-	**Apfelweinkrug**
dabbisch	-	**ungeschickt**
Dibbe	-	**Topf**
dribb de Bach	-	**jenseits (südlich) des Mains**
Ebbel	-	**Äpfel**
Ebbelwei	-	**Apfelwein**
e bissi	-	**ein bisschen**
Gerippte	-	**Apfelweinglas**
Grie Soß	-	**Grüne Soße**
gugge	-	**schauen**
Hannebambel	-	**Dummkopf**
hibb de Bach	-	**diesseits (nördlich) des Mains**
klaa	-	**klein**
Kolder	-	**Decke**
Krebbel	-	**Berliner Krapfen**
Maa	-	**Main**
Momend emaa	-	**Einen Moment, bitte**
Uffgebasst	-	**Aufpassen**
Zores	-	**Ärger**

46

Frankfurter Buchmesse, oder:

WAS ZIEHT LESERATTEN AUS ALLER WELT NACH FRANKFURT?

Einmal im Jahr findet in Frankfurt die größte Bücherschau der Welt statt. Auch viele Kinder- und Jugendbuchverlage präsentieren ihre neuesten Werke und locken am Familientag mit einem bunten Veranstaltungsprogramm. Vielleicht triffst du sogar deinen Lieblingsautor?

Die Frankfurter Buchmesse ist die weltgrößte Bücherschau: Mehr als 7500 Verlage stellen fünf Tage lang hier ihre neuen Werke vor. Normalerweise dürfen nur Fachbesucher auf die Messe. Das sind Menschen, die selbst Bücher schreiben, herstellen oder verkaufen. Sie informieren sich über neue Bücher und knüpfen wichtige Kontakte. Die letzten beiden Tage aber gehören den Leseratten und Bücherwürmern. Schon von außen sind die Messehallen sehr beeindruckend und vermutlich fällt dir gleich das große Hochhaus am Eingang auf, das ein bisschen aussieht wie ein Bleistift. Das ist der Messeturm. Mit knapp 257 Metern ist er eines der höchsten Häuser der Stadt!

Ausgiebig schmökern

In den Messehallen lassen sich die Aussteller echt was einfallen, um auf sich aufmerksam zu machen. Die Stände sind meist aufwendig gestaltet, oft bekommt man Sticker, Lesezeichen oder Leseproben geschenkt. Manchmal marschiert auch eine beliebte Kinderbuchfigur durch die langen Gänge. Das Schönste aber ist: Du darfst alles in die Hand nehmen, dich hinsetzen und ausgiebig schmökern. Dabei hast du die Qual der Wahl: Romane, Sachbücher, Comics, Stadtführer (wie dieser hier), Kochbücher, Schulbücher, Landkarten, Postkarten ... Du entdeckst aber nicht nur gedruckte Werke,

es gibt auch Lernsoftware, E-Books sowie Hörbücher und einige Spielwaren auf der Buchmesse. Es sind sogar Fernsehstudios aufgebaut, denn die Buchmesse ist ein wichtiges Ereignis, über das in den Nachrichten berichtet wird. Zum Beispiel über den Internationalen Jugendbuchpreis, der jährlich auf der Buchmesse verliehen wird.

Triff deinen Lieblingsautor

Nur anschauen findest du langweilig? Dann besuch doch eine der zahlreichen Lesungen, die am Familientag stattfinden. Ein Buch von deinem Lieblingsautor selbst vorgelesen zu bekommen, ist wirklich ein ganz besonderes Erlebnis! Armin und Ralph von der Sendung mit der Maus waren auch schon da. In den Signierstunden nach der Lesung kannst du noch ein Autogramm vom Autor ergattern und ihm persönlich sagen, wie toll du sein Buch findest.

Jedes Jahr erscheinen in Deutschland über 70.000 neue Bücher!

Und dann sind da noch die vielen kostümierten Menschen auf der Buchmesse, die aussehen wie Comicfiguren. Das sind sogenannte Cosplayer, die sich wie ihre Helden aus japanischen Comics, den Mangas, verkleiden. Jedes Jahr veranstalten die Cosplayer auf der Buchmesse ein großes Treffen und vergeben einen Preis für das tollste Kostüm.

Früher ein Kirchfest

Mächtig was los!

Aber was wird auf einer Messe eigentlich gemessen? Gar nichts. Der Name kommt aus dem Mittelalter. Schon damals wollten die cleveren Geschäftsleute, dass möglichst viele Besucher zu ihrer Warenschau kamen und ihre Produkte kauften. Also haben sie ihre Warenschau mit einem Kirchenfest verbunden, zu dem ohnehin viele Menschen erwartet wurden. Nach dem Gottesdienst, also der Messe, präsentierten sie dann vor der Kirche ihre Waren. Besonders beliebt waren dafür natürlich verkehrsgünstig gelegene Städte – so wie Frankfurt, das von allen Himmelsrichtungen aus bestens zu erreichen ist. Seit dem Jahr 1240 werden hier Messen veranstaltet.

Info

FRANKFURTER BUCHMESSE
Ludwig-Erhard-Anlage 1
60327 Frankfurt am Main
Tel. (0 69) 21 02-0
www.buchmesse.de

Dein eigenes Buch

Bücher wurden viele Hunderte Jahre in Handarbeit hergestellt, was von Papierschöpfen über Buchdruck bis zum Buchbinden eine echte Kunst war und ist. Im Historischen Museum oder im Freilichtmuseum Hessenpark, die beide hier im Buch vorgestellt werden, gibt es dazu Mitmachangebote. Ganz einfach geht die Buchherstellung mit dem folgenden Basteltipp. Du könntest zum Beispiel ein kleines Erinnerungsbuch für deine schönsten Ausflüge erstellen! Dazu brauchst du zehn (oder mehr) normale Papierblätter, zwei etwas festere Blätter (zum Beispiel Tonpapier), einen Locher und eine Kordel oder ein Band. Das muss etwa dreimal so lang wie das Papier sein.

Bring die normalen Blätter zu einem ordentlichen Stapel zusammen. Obendrauf und untendrunter kommen die beiden festeren Blätter als Deckblatt und Rückwand. Den ganzen Stapel lochst du nun an der langen Seite. Es sollten mindestens sechs Löcher sein, die gleichmäßig verteilt sind. Jetzt wird das Buch gebunden: Nimm die Kordel und fädle sie abwechselnd durch die Löcher von unten nach oben und wieder zurück nach unten. Alles stramm festziehen und die beiden Enden unten verknoten. Damit du besser blättern kannst, erhält das Deckblatt knapp neben der Bindung noch einen Knick. Jetzt ist das Buch fertig – fehlt noch der Inhalt. Da sind deiner Fantasie keine Grenzen gesetzt: Fotos, Eintrittskarten und andere Erinnerungen zu den Ausflugszielen, kleine Texte, Beobachtungen – es wird dein ganz persönliches Erinnerungsbuch.

47

Die Klassikstadt, oder:

WELCHE ENTEN UND KÄFER RIECHEN NACH BENZIN?

Alte Autos sind vielleicht nicht so schnell, sicher und perfekt wie neue. Aber viele Leute finden sie einfach schöner. Die Klassikstadt ist eine Art „öffentliche Garage" für solche Oldtimer: Die Besitzer können sie dort sicher parken, polieren und reparieren lassen. Und du kannst die alten Gefährte dort bewundern wie im Museum.

Ziemlich versteckt im Industriegebiet von Fechenheim liegt eine große, alte Fabrik aus Backstein. Früher wurden hier mal Landmaschinen hergestellt – heute ist alles aufwendig renoviert, denn die Fabrik wurde unter dem Namen Klassikstadt in ein ganz besonderes Parkhaus umgewandelt: Leute, die schöne alte Autos besitzen oder sammeln, können sie hier sicher und trocken unterstellen, zum Beispiel weil sie mit einem wertvollen Sportwagen nicht durch winterlichen Matsch fahren möchten. Auf diese Weise entsteht eine Ausstellung, fast wie im Automuseum: Vom 100 Jahre alten Rolls-Royce bis zum Käfer Cabrio, von der „Ente" von Citroën bis zum Maserati. Unglaublich, wie sich Autos über die Jahrzehnte verändert haben!

Gläserne Werkstätten

Aber hier parken die Oldtimer nicht nur, es gibt auch verschiedene Läden. Man kann Modellautos und Fachbücher kaufen oder in spezialisierten Werkstätten die vierrädrigen Schätze aufmöbeln lassen: Da kannst du auch mal einen Sportwagen auf der Hebebühne von unten sehen oder dem

Info

KLASSIKSTADT GMBH
Orber Straße 4 a
60386 Frankfurt am Main

Tel. (0 69) 4 08 96 98-0
www.klassikstadt.de

Autosattler zuschauen, wie er ein Cabrioverdeck neu zusammennäht. Es gibt außerdem mehrere Autohändler, die Sammlerstücke verkaufen – je seltener, desto teurer! Aber schauen kostet glücklicherweise nichts: Der Eintritt in die Klassikstadt ist frei.

Es knattert und röhrt

Die alten Fabrikgebäude bilden einen schönen Hof, den Oldtimerfahrer gerne als Treffpunkt für Touren nutzen. Besonders am Wochenende hast du gute Chancen, dort seltene Autos knatternd und röhrend in Fahrt zu erleben! Und wenn dir anschließend der Magen knurrt, könnt ihr euch in dem mit vielen alten Auto-Utensilien stilecht dekorierten Restaurant Werkskantine stärken.

48

Wasserlehrpfad im Wasserpark, oder:

WIE FLIESST WASSER DEN BERG HINAUF?

Wir kennen es nicht anders: Du machst den Hahn auf und schon sprudelt frisches, sauberes Wasser – auch mitten in einer Großstadt wie Frankfurt. Doch das ist nicht selbstverständlich. Seit etwa 150 Jahren haben die Frankfurter eine moderne Wasserversorgung. Der Wasserlehrpfad im Wasserpark erklärt dir, wie sie funktioniert.

Den Wasserpark im Stadtteil Bornheim gibt es schon seit 1873. Heute stehen hier große, alte Bäume – aber verborgen unter Rasen und Bäumen liegt ein riesiger unterirdischer Wasserhochbehälter. Das ist eine Art Tank für Trinkwasser, er fasst mehr als 25.000 Kubikmeter Frischwasser: so viel wie sechs olympische Schwimmbecken! Leider kann man den Behälter selbst nicht besichtigen, man sieht davon nur ein paar hübsche historische Gebäude, die als Zugänge oder Pumpstationen dienen.

Lange war der Wasserpark einfach nur eine schöne Grünanlage, aber 2017 legte die Mainova AG – so heißt der Wasserversorger in Frankfurt – dort den Wasserlehrpfad mit seinen neun Stationen an. Hier kannst du jetzt nicht nur auf Schautafeln nachlesen, wie die Wasserversorgung einer großen Stadt funktioniert, sondern auch spannende Experimente machen, nach Herzenslust planschen und natürlich deinen Durst mit Frankfurter Trinkwasser stillen.

Info

WASSERLEHRPFAD IM WASSERPARK
Friedberger Landstraße
60389 Frankfurt
www.mainova-wasserlehrpfad.de

Eingänge: Dortelweiler Straße und Friedberger Landstraße, geöffnet von April bis Ende Oktober

Kräftig kurbeln

Schon über den Pfad zu laufen, macht viel Spaß, denn er ist als hölzerner Steg angelegt, der sich mit Steilkurven zwischen den Bäumen hindurchschlängelt. Los geht es natürlich mit dem Wasserkreislauf: von Verdunstung über Regen, Grundwasser und Flüsse bis ins Meer – und wieder von vorn. Weil es in Frankfurt selbst nur wenige Quellen gibt, wird das Wasser über fast 70 Kilometer aus dem Vogelsberg hergeleitet. Wie viel Kraft es kostet, wenn dabei Wasser auch einmal bergauf transportiert werden muss, kannst du an einer archimedischen Schraube selbst ausprobieren. Andere Stationen erklären Begriffe wie Wasserkraft oder zeigen, wie im Wasser Wirbel und Strudel entstehen. Und am Ende des Pfads ist dir bestimmt klar, warum Wasser wertvoll ist – und wie wir sorgfältig und sparsam damit umgehen können.

Jeder Frankfurter verbraucht etwa 150 Liter Wasser pro Tag !

49

ExperiMINTa ScienceCenter, oder:

WIE FUNKTIONIERT EIN FLASCHENZUG?

Stell dir vor, du sitzt auf einem Brett, das von der Decke hängt. Jetzt sollst du dich selbst mit einem Seil in die Höhe ziehen. Klingt anstrengend? Kommt ganz drauf an – denn die Physik kann dir dabei helfen!

Mathe und Physik – das hört sich nach schwerem Schulstoff an. Dass Naturwissenschaften und Technik auch viel Spaß machen können, beweist dir die Ausstellung ExperiMINTa mit vielen interessanten Experimenten zum Mitmachen, bei denen du Naturgesetze mit großem Spaß erforschen und begreifen kannst. Im Ausstellungsbereich *Stark und Schwach* findest du dort zum Beispiel Sitze, die mit unterschiedlichen Flaschenzügen ausgerüstet sind. Bei so einem Flaschenzug wird ein Seil über Rollen geführt. Und tatsächlich: Je mehr Rollen der Flaschenzug hat, umso leichter wird es, sich hochzuziehen! Dafür geht es langsamer, denn man muss mehr Seillänge bewegen. Schon hast du ein ganz wichtiges Kapitel Physik gelernt: Mit einem Flaschenzug kannst du Arbeit verrichten, nämlich dich selbst hochziehen, und zwar entweder leicht und langsam – oder schnell und schwer!

Im Inneren der Seifenblase

Die ExperiMINTa bietet auf vier Stockwerken noch jede Menge Experimente an, die aus vielen verschiedenen Bereichen der Naturwissenschaften kommen: Phänomene der Geschwindigkeit im Bereich *Schnell und Langsam* oder der Schwingungen bei *Hin und Her,* optische Effekte bei *Licht*

Info

EXPERIMINTA SCIENCECENTER
Hamburger Allee 22–24
60486 Frankfurt am Main
Tel. (0 69) 7 13 79 69-0
www.experiminta.de

und Schatten, Mathe und Geometrie bei *Abstrakt und Konkret.* Du bist immer mittendrin im Geschehen, ob im begehbaren Modell eines Auges, im Inneren einer Riesenseifenblase oder im Schattentheater, wo du selbst bunte Schatten wirfst. Manche Aufgaben musst du gemeinsam mit deinen Freunden oder Geschwistern lösen! Zum Beispiel eine Brücke aus einzelnen Holzelementen ganz ohne Kleber und Schrauben zusammenzusetzen, ist nur im Team möglich. Die Mitarbeiter der Ausstellung zeigen regelmäßig Science Shows – das heißt, sie führen besonders spektakuläre Experimente vor. Auf Anmeldung kannst du außerdem an spannenden Workshops wie *Abenteuer Fliegen* oder *Leonardo da Vinci* teilnehmen!

Das MINT im Namen bedeutet: Mathe, Informatik, Naturwissenschaften, Technik !

50

Oper Frankfurt, oder: WARUM SINGEN DIE SO KOMISCH?

In der Oper Frankfurt gibt's ordentlich was für Augen, Ohren und Herz, denn meist geht es um die ganz großen Gefühle. Mit über 200 Veranstaltungen unter dem Titel „Jetzt! Oper für Dich" kannst du die Welt der Oper entdecken.

Es gibt viele berühmte Opern. Vielleicht hast du schon einmal etwas von Mozarts *Zauberflöte* oder Verdis *La Traviata* gehört? Opern erzählen eine Geschichte durch Gesang und Musik auf einer großen Bühne. Sänger, Orchester, Dirigent, Chor, vielleicht sogar ein Kinderchor oder Balletttänzer sind beteiligt. Ganz schön viel los auf der Bühne! Damit es nicht zu voll wird, sitzt das Orchester in einer Vertiefung vor der Bühne, dem sogenannten Orchestergraben.

Ganz viel Gefühl

Manche Opern sind komisch, manche romantisch, andere eher dramatisch oder enden sogar tragisch. Die Musik ist daher oft sehr ergreifend und die Sänger bringen in ihren Arien oder Duetten Gefühle wie Liebe, Freude, Wut, Rache oder Angst zum Ausdruck. Wenn sie es besonders gut machen, applaudieren die Zuschauer mit lauten Bravorufen. Aber warum eigentlich hört sich der Operngesang ganz anders an als zum Beispiel der Gesang in der Popmusik? Opernsängerinnen und Opernsänger haben tatsächlich ganz besondere Stimmen: Wenn du dich umschaust, stellst du fest, dass der Opernsaal ziemlich groß und ziemlich hoch ist. Dennoch beschallen die Sänger diesen Raum ganz ohne Mikrofon! Ihre Stimmen sind über viele Jahre ganz speziell ausgebildet. Sie können viel lauter, viel tiefer und viel höher singen als die meisten anderen Menschen. Diese spezielle Art des Operngesangs führt allerdings dazu, dass man den eigentlichen

Text oft nicht sonderlich gut versteht. Selbst wenn die Stücke auf Deutsch gesungen werden. Um der Oper dennoch folgen zu können, sind nicht nur die Gestik und Mimik der Sänger wichtig, sondern auch Kostüme und das Bühnenbild.

Ein „eiserner Vorhang"

Die Bühne mag dir von deinem Sitzplatz bereits ziemlich groß erscheinen. Allerdings siehst du nur etwa ein Viertel der tatsächlichen Größe. Hinter dem Bühnenbild befindet sich ein riesiger Raum, denn das Frankfurter Opernhaus hat eine der größten Drehbühnen der Welt. So lassen sich verschiedene Szenen zur gleichen Zeit aufbauen. Wenn vorne der Vorhang fällt, kann man die Bühne einfach zum nächsten Szenenbild weiterdrehen. Der Zuschauerbereich und das Bühnenhaus sind übrigens streng voneinander getrennt durch einen sogenannten eisernen Vorhang. Das ist eine riesige Metallplatte, die sich im Notfall als Feuerschutz bis zum

Orchestergraben absenken lässt. Wie wichtig diese Vorrichtung ist, mussten die Frankfurter 1987 schmerzhaft erleben: Durch Brandstiftung ist damals das gesamte Bühnenhaus abgebrannt! Der Zuschauerraum war zwar durch Hitze und Rauch schwer beschädigt, das Feuer selbst konnte durch den eisernen Vorhang aber aufgehalten werden.

Wenn du an einer Hausführung teilnimmst, kannst du einen Blick hinter die Kulissen werfen. Kinderaufführungen, Kinderkonzerte oder Familienworkshops lassen dich ganz leicht in die Opernwelt eintauchen. Auch außerhalb des Zuschauerraums gibt es etwas zu entdecken: Schau mal im Foyer nach oben – jetzt weißt du auch, warum dieser Raum Wolkenfoyer genannt wird. In einem Nebenraum findest du ein buntes Bild mit Clowns, Jongleuren und Artisten vom weltberühmten Maler Marc Chagall.

Die erste Oper wurde im Jahr 1600 in Florenz aufgeführt !

Achtung, Verwechslungsgefahr!

Lass dich nicht verwirren: Es gibt zwar in Frankfurt auch ein Konzerthaus namens Alte Oper. Aber die hier vorgestellte Oper Frankfurt hat ihren Sitz seit 1951 zusammen mit dem Schauspiel Frankfurt am Willy-Brandt-Platz mitten zwischen den Hochhäusern.

Info

OPER FRANKFURT
Untermainanlage 11
60311 Frankfurt am Main

Tel. (0 69) 2 12 49 49 4
www.oper-frankfurt.de

Flötentöne

Die berühmte Oper *Die Zauberflöte* haben wir eben ja schon einmal erwähnt. Die Hauptfigur Prinz Tamino erhält darin eine magische Flöte. Hast du Lust, selbst eine Flöte zu bauen und noch etwas darüber zu lernen, wie Töne entstehen? Dazu brauchst du acht dickere, gerade Strohhalme (ohne Biegemöglichkeit), eine Schere, eine Rolle Klebestreifen und Knete. Schneide die Strohhalme verschieden lang ab, am besten kürzt du jeden Halm um 1 Zentimeter mehr als den vorhergehenden. Nun rollst du aus der Knete kleine Kügelchen, mit denen du die unteren Enden der Halme verklebst. Die Halme sortierst du der Länge und legst sie nebeneinander, sodass sie oben eine gerade Linie ergeben. Bringe rundum 1 Zentimeter unter dem oberen Rand einen Klebestreifen an. Das sieht nun schon aus wie eine kleine Panflöte. Bevor du anfängst zu blasen, mach dir ein paar Gedanken: Wo könnte der Ton tiefer sein – in den kurzen oder in den langen Strohhalmen?

Tatsächlich ist der Ton tiefer, je länger der Halm ist. Warum ist das so? Beim Anblasen regst du die Luftsäule im Halm zum Schwingen an: Die Töne laufen wie Wellen durch die Luft. Je länger die Luftsäule ist, desto länger werden auch diese Wellen, und längere Wellen nehmen wir als tiefere Töne wahr. Schau dir ein Orchester an oder eine Kirchenorgel: Meistens machen die größten Instrumente oder die längsten Orgelpfeifen auch die tiefsten Töne!

EXPERIMENT

Die Zeil, oder:

WAS MACHEN FORSCHER IN DER FUSSGÄNGERZONE?

Es gehört zum Großstadterlebnis einfach dazu: Schaufenstergucken! In dieser Hinsicht hat Frankfurt mit seiner Haupteinkaufsstraße, der Zeil, für Groß und Klein viel zu bieten.

Um festzustellen, auf welcher Großstadt-Einkaufsstraße am meisten los ist, zählen tatsächlich Forscher jedes Jahr stichprobenartig, wie viele Passanten in einer Stunde vorbeikommen. Und da hat die Frankfurter Zeil aktuell mit über 14.000 Personen pro Stunde deutschlandweit die Nase vorn! Pass also auf, dass du im Gedränge nicht verloren gehst. Die Zeil ist zwischen den zwei Plätzen Hauptwache und Konstablerwache eine breite Fußgängerzone. Hier gibt es große Kaufhäuser mit riesigen Spielwarenabteilungen, jede Menge Fachgeschäfte, die angesagten Modemarken und das Einkaufszentrum MyZeil, das auch noch einen Rekord bereithält: Die 42 Meter lange Rolltreppe, die dort quer durch das schicke Atrium führt, ist die längste freitragende Rolltreppe in Europa.

Ein Rest Stadtmauer steht noch!

Aber was bedeutet der komische Name *Zeil?* Er stammt noch aus dem Mittelalter, als die Stadt zum zweiten Mal erweitert wurde. Die alte Stadtmauer wurde abgerissen und es entstand ein Straßenzug, der lange nur an der Nordseite bebaut war. Die Bewohner nannten ihn deshalb auf gut Hessisch „die Zeil“, also die (Häuser-)Zeile. Später nutzten reiche Frankfurter Bürger den freien Platz, um besonders große und prachtvolle neue Häuser zu bauen. So entwickelte sich die Zeil zu einer richtigen Prachtstraße, an der sich

dann auch Hotels und teure Geschäfte ansiedelten. Ein kleines Stück der alten Staufenmauer kannst du übrigens ganz in der Nähe der Konstablerwache, an der Fahrgasse, noch betrachten. Ein weiterer Geheimtipp auf der Zeil ist das große Kaufhaus an der Ecke Zeil/Große Eschersheimer Straße – denn von der Dachterrasse auf der siebten Etage hast du einen tollen (und kostenlosen) Blick auf ganz Frankfurt und seine vielen Hochhäuser.

Seit 1972 ist die Zeil autofrei !

51

Studiotour im Trickfilmland, oder:

WIE LERNT DAS SANDMÄNNCHEN SPRECHEN?

Eine der vielen Figuren, die im Frankfurter Studio Trickfilmland lebendig werden, kennst du bestimmt: Es ist nämlich das Kika-Sandmännchen. Nach dieser Studiotour, bei der du gar nicht viel laufen musst, weißt du nicht nur, wie Trickfilme wie *Unser Sandmännchen* entstehen, sondern konntest vielleicht sogar selbst eine kurze Szene animieren.

Animieren – das kommt aus dem Lateinischen und bedeutet „zum Leben erwecken". Genau das passiert im Studio Trickfilmland. Dort arbeiten Spezialisten für Puppentrickfilme in Stop-Motion-Technik. Solche Filme hast du garantiert schon einmal gesehen, denn nicht nur das Sandmännchen, auch die Filme über Shaun das Schaf sind in der Stop-Motion-Technik produziert. Wo und wie sie entstehen, zeigen dir bei dieser Studiotour echte Profis, die schon an vielen Trickfilmen mitgearbeitet haben.

Hier ist Trickfilm noch Handarbeit

Das eigentliche Studio hat nur zwei Räume: eine Werkstatt, in der Puppen, Requisiten und Kulissen entstehen, und einen schwarz gestrichenen Aufnahmeraum, wo auf speziellen Tischen die Szenerien aufgebaut, ausgeleuchtet und mit Digitalkameras aufgenommen werden. Das Prinzip von Stop-Motion ist ganz einfach: Die Szenerie wird Bild für Bild einzeln fotografiert und alles, was sich bewegen soll, wird von Bild zu Bild entsprechend minimal verändert. Im Computer werden die einzelnen Aufnahmen zu einem Film aneinandergehängt. Allerdings braucht man für eine Sekunde Film

Info

TRICKFILMLAND
c/o scopas medien AG
Daimlerstraße 32–36
60314 Frankfurt am Main
Tel. (0 69) 44 08 70
www.trickfilmland.de

24 Bilder, damit für das Auge eine fließende Bewegung entsteht! Das sind bei einer Stunde Film fast 90.000 einzelne Fotos, an denen ein Animatoren-Team mehrere Monate lang im Studio arbeitet.

In der Puppenwerkstatt

Vorher müssen allerdings erst die Puppen hergestellt werden. Auch das ist aufwendig: Erst zeichnen die Designer Entwürfe. Dann wird mit Plastilin modelliert. Für monatelange Filmaufnahmen wären die Knetpuppen jedoch zu empfindlich – deshalb werden sie mit einem haltbaren Silikonkautschuk abgeformt. Im Inneren haben sie ein Skelett aus Draht, so können die Körperteile verschiedene Haltungen einnehmen. Schau bei Gelegenheit mal genau hin: Das Sandmännchen im Fernsehen bewegt seinen Mund nie. Für den Spielfilm musste das Sandmännchen aber sprechen lernen: Dafür bauten ihm die Animateure mehrere Masken mit unterschiedlichen Lippenstellungen. Das Ganze ist so viel Handarbeit, dass eine Puppe hinterher so viel kostet wie ein neues Auto! Fürs Originalsandmännchen gilt deshalb: Berühren verboten, aber mit einer anderen Figur darfst du dich zum Schluss auch selbst als Animator versuchen. Es ist großartig, wenn dir hinterher ein Knetmännchen vom Bildschirm zuwinkt!

Magnete halten die Figuren auf dem Tisch !

52

Historische Eisenbahn Frankfurt, oder: WIE VERREISTEN DEINE GROSSELTERN?

Schon beeindruckend, wenn so eine echte alte Dampflok zischend und schnaufend angerollt kommt! Die Fahrt im Dampfzug ist ein Erlebnis – und selten noch dazu, denn heute fahren die meisten Züge mit Elektro- oder Dieselloks.

Gerade weil es kaum noch Dampfloks in Fahrt zu sehen gibt, ist die Historische Eisenbahn Frankfurt e. V. eine beliebte Attraktion. In diesem Verein erfüllen sich die Mitglieder durch viel freiwillige Arbeit den Traum, historische Loks und Waggons zu erhalten und sie durch Stadt und Land zu steuern.

Macht mächtig Dampf

In ihrem Quartier im Osthafen halten die Eisenbahnfreunde zwei alte Dampfloks einsatzbereit: die Güterzuglok 52 4867 und die Schnellzuglok 01 118 von 1934. Trotz ihrer 84 Jahre kann sie mit ihren mannshohen Triebrädern 130 Kilometer pro Stunde fahren. Das ist für so eine alte Lok ziemlich schnell. Außerdem hat der Verein noch mehrere Dieselloks und historische Reisezugwagen. Die haben gemütliche Abteile mit roten Samtsesseln und du kannst das Fenster während der Fahrt noch richtig aufmachen. Dabei bekommt man allerdings manchmal eine kräftige Qualmwolke ab: Tja, so hat das gerochen, wenn deine Großeltern in ihrer Kindheit mit der Eisenbahn verreist sind! Der stinkende Qualm kommt vom Kohlenfeuer. Es bringt das Wasser im Kessel

Info

HISTORISCHE EISENBAHN FRANKFURT E. V.
Intzestraße 34
60314 Frankfurt am Main
www.historische-eisenbahn-frankfurt.de

der Lok zum Kochen, so entsteht der Dampf zum Antrieb. Weil elektrische Züge viel umweltfreundlicher und sparsamer sind, fahren in Deutschland schon seit über 40 Jahren keine Dampfloks mehr im Alltagsbetrieb. Die meisten wurden verschrottet, nur wenige landeten bei Museumsbahnen wie in Frankfurt.

Im Museumszug am Main entlang

Übers Jahr verteilt schafft der Verein viele Gelegenheiten, um mit den alten Museumszügen wie in der Vergangenheit zu reisen: Die Sonderfahrten führen dich von Frankfurt aus in den Taunus, an den Rhein nach Koblenz oder sogar bis nach Hamburg. Manchmal kannst du auch auf der innerstädtischen Hafenbahn mitfahren. Dann pendelt ein Museumszug entlang des Mainufers vom Osthafen vorbei am Eisernen Steg bis zum Wendepunkt hinter dem Hauptbahnhof und wieder zurück. Die Termine und den Fahrkartenvorverkauf findest du auf der Internetseite des Vereins.

Der Tender hinter der Lok transportiert Kohle und Wasser !

53

Papageno Musiktheater, oder:

KANNST DU MIT DEN OHREN SEHEN?

Ein Besuch im Papageno Musiktheater ist für dich und deine Familie ein tolles Erlebnis. Ihr bekommt nämlich gleich drei Dinge auf einmal: spannende Geschichten, richtig gutes Theater und viel Musik.

Ohne Musik geht im Papageno Musiktheater gar nichts. Musik kann nämlich sehr viel: Sie verändert deine Stimmung. Fröhliche Musik erzeugt bei einer lustigen Szene erst richtig gute Laune. Umgekehrt ahnst du bei einer traurigen Melodie schon, dass bald ein Unglück auf der Bühne passieren wird. Du siehst im Musiktheater also nicht nur mit den Augen, sondern auch mit den Ohren. Und mit Musik werden die Aufführungen für dich als Zuschauer noch viel abwechslungsreicher.

Kinderbücher, Märchen und Opern

Das Papageno Musiktheater führt ganz unterschiedliche Stücke auf: Spannende Geschichten erwarten dich bei Kinderbuchklassikern wie *Emil und die Detektive, Michel in der Suppenschüssel* oder *Pippi Langstrumpf*. Auch Musicals mit moderner Musik gehören zum Programm. Bei den meisten Aufführungen wird aber klassische Musik gespielt, und zwar live von zwei Musikern mit Geige und Klavier. Natürlich gibt es auch Märchenaufführungen wie *Dornröschen* und *Rumpelstilzchen*. Oder doch lieber eine Oper?

Der Dauerbrenner im Programm ist *Die kleine Zauberflöte*. Nach Papageno, einer der Hauptfiguren, hat sich das Theater benannt. Es war das erste Stück, dass die Gründer

Info

PAPAGENO MUSIKTHEATER AM PALMENGARTEN
Palmengartenstraße 11 a
60325 Frankfurt am Main
Tel. (0 69) 51 50 38
www.papageno-theater.de

des Theaters vor über 20 Jahren in Frankfurt aufgeführt haben. Alle Stücke werden extra für Kinder umgeschrieben. Das bedeutet aber nicht, dass sie weniger anspruchsvoll auf die Bühne gebracht werden als Stücke für Erwachsene! Die liebevoll gestaltete Bühnendekoration, kreative Kostüme und richtige Schauspieler machen den Besuch zu einem tollen Erlebnis. Auch das Theatergebäude ist etwas Besonderes: Wie eine schlafende grüne Raupe liegt die luftige Zeltkonstruktion am Rand des Palmengartens.

Das Theater liegt im Palmengarten !

54

Wetterpark Offenbach, oder:

WIE KOMMT DER REGEN IN DIE WOLKE?

Das Wetter – Erwachsene reden ständig darüber. Mal ist es ihnen zu kalt, mal zu warm, zu nass oder zu trocken. Warum das Wetter eigentlich so wechselhaft ist, erfährst du im Wetterpark Offenbach. 14 Stationen zeigen dir, wie das Zusammenspiel von Sonne, Luft und Wasser unser Wetter beeinflusst.

Ein schöner Sonnenuntergang, ein bunter Regenbogen, eine dicke Schneedecke, ein heftiger Regenschauer, Blitz und Donner – das Wetter hat viele Gesichter und großen Einfluss auf unser Leben. Im Wetterpark Offenbach wird dir genau erklärt, was sich da oben am Himmel so abspielt. Den besten Überblick über das Gelände bekommst du auf dem 13 Meter hohen Sichtturm. Dort kannst du auch gleich mit deiner ersten Wetterbeobachtung starten und herausfinden, ob die Luft durch Dunst oder Nebel getrübt ist.

Der Wasserkreislauf

An der Station *Wasserkreislauf und Niederschlag* erfährst du, dass sich das Wasser auf der Erde in einem ständigen Kreislauf befindet. Die Sonne erwärmt das Wasser in Flüssen und Seen. Die warme Luft steigt auf und nimmt den unsichtbaren Wasserdampf dabei mit nach oben. In der Höhe kühlt er ab und verwandelt sich in winzig kleine schwebende Wassertröpfchen – für uns sichtbar als Wolke. Irgendwann werden die Tröpfchen so schwer, dass sie als Regen wieder zu Boden fallen. Tatsächlich haben Regentropfen übrigens gar keine Tropfen- oder Tränenform: Sie sehen eher aus wie ein Hamburger, weil der Wind sie im Flug platt drückt.

Nicht aus jeder Wolke regnet es sofort. Federwolken oder Schäfchenwolken stehen meistens an einem blauen Himmel

und deuten auf schönes Wetter hin. Die richtigen Regenwolken hingegen sind groß, grau und dunkel. Die Sonnenstrahlen kommen gar nicht mehr durch sie hindurch. Siehst du sie, solltest du also besser einen Schirm einpacken. Im Wetterpark macht auch Regen Spaß, denn dann gibt es ein schönes Regenkonzert zu hören: Beim Niederschlagsmesser erzeugt jeder Regentropfen einen Ton. Schau mal auf die Uhr und zähle die Tropfen dabei – ist es eher ein schwacher Nieselregen oder schon ein Starkregen?

Vollautomatische Wetterstation

Es ist kein Zufall, dass der Wetterpark in Offenbach ist. Hier ist nämlich der Sitz des Deutschen Wetterdienstes. Fast 1000 Menschen erforschen dort das Wetter und das Klima. Ihr Fachgebiet heißt Meteorologie. Der Wetterdienst ist unter anderem dafür zuständig, die Wettervorhersagen zu erstellen. Dabei helfen ihnen Wetterstationen, von denen es auch eine im Wetterpark gibt. Sie messen ständig Temperatur,

Die Lufthülle der Erde nennt man Atmosphäre!

Luftdruck oder Windgeschwindigkeit und senden die Daten zu den Computern des Wetterdiensts. Sogar aus dem Weltall wird das Wetter beobachtet: Ein Wettersatellit „schwebt" als Modell im Wetterpark, er erinnert ein bisschen an eine Waschmaschinentrommel. Mit all den zusammengetragenen Informationen und den großen Computern berechnen die Meteorologen, wie sich das Wetter in der nächsten Zeit entwickelt, schreiben Wettervorhersagen oder warnen vor Unwettern.

Zum Abschluss solltest du noch im silbrig glänzenden Besucherzentrum vorbeigehen. Hier kannst du sogar einen Tornado erzeugen! Du siehst auch alte Geräte, mit denen früher das Wetter gemessen wurde, und erhältst Informationen zum Klimawandel. Noch mehr lernst du bei den regelmäßig angebotenen Wetterexpeditionen für Groß und Klein. Auch das Spielen kommt im Wetterpark nicht zu kurz, zum Beispiel auf dem rasanten Klettergerüst an der Station Strahlstrom. Es ist geformt wie die superschnellen Winde, die in der oberen Atmosphäre für einige Turbulenzen sorgen können.

Info

WETTERPARK OFFENBACH
Am Wetterpark 15
63071 Offenbach

Tel. (0 69) 83 83 68 96
www.wetterpark-offenbach.de

Wolkenfabrik

Wie entstehen eigentlich Wolken? Dazu kannst du zu Hause ein kleines Experiment durchführen und deine eigene kleine Wolke aufsteigen lassen. Für das Experiment brauchst du eine durchsichtige Flasche aus Plastik, die sich leicht zusammendrücken lässt, Wasser und ein Streichholz. Weil du Feuer verwendest, musst du dir von deinen Eltern helfen lassen. Die Flasche füllst du ein Drittel voll mit Wasser, verschließt sie und schüttelst sie ein paarmal. So ist für ausreichend Luftfeuchtigkeit gesorgt. Die Flasche öffnest du wieder. Nun zündest du das Streichholz an, wirfst es in die Flasche und verschließt sie sofort wieder. Nochmals schütteln. Drück die Flasche nun einmal kräftig zusammen und lass mit einem Ruck wieder los – siehst du, wie im Inneren eine Wolke entsteht? Das kannst du ruhig ein paarmal wiederholen. Wenn du die Flasche öffnest und dann drückst, steigt deine kleine Wolke hinaus!

Was ist passiert? Wie in der Natur hat sich in der Flasche zuerst unsichtbare Luftfeuchtigkeit gebildet. Mit dem Streichholz kommt zusätzlich etwas Wärme und Rauch hinzu – Wolken brauchen sogenannte Kondensationskeime. Das sind hier die Rauchteilchen. Jetzt presst du die Flasche zusammen – der Luftdruck steigt wie draußen bei schönem Wetter. Lässt du sie dann wieder los, sinkt der Druck schlagartig. Es entsteht dein persönliches Tiefdruckgebiet mit dicker Wolke, weil der Wasserdampf an den Rauchteilen kondensiert!

EXPERIMENT

55

Rundfahrt auf dem Main, oder: WAS IST EINE FURT?

Frankfurt per Schiff zu erkunden ist eine tolle Möglichkeit, sich die auffällige Skyline der Stadt und viele Sehenswürdigkeiten an den Uferseiten anzuschauen. Der Main ist aber nicht nur prima für einen Ausflug mit dem Schiff, er hat der Stadt auch ihren Namen gegeben.

Müsste Frankfurt dann nicht Mainstadt heißen? Im Mittelalter war der Main an manchen Stellen noch so flach, dass man ihn zu Fuß oder mit Fuhrwerken durchqueren konnte. Einen solchen Durchgang durch ein Gewässer bezeichnete man als Furt. Die „Frank-Furt" markierte also den Ort, an dem die Franken aus Süddeutschland den Fluss durchquerten. Diese Flussüberquerung gehörte zu einem Handelsweg, dem Frankfurt bis heute seine wichtige wirtschaftliche Stellung zu verdanken hat.

Skyline-Blick

Heute musst du glücklicherweise nicht mehr zu Fuß durch den Main waten! Insgesamt 20 Brücken und Stege gibt es im Stadtgebiet. Eine der schönsten Fußgängerbrücken ist der Eiserne Steg, wo auch die Schiffstouren auf dem Main starten. Fährst du mit dem Schiff in östliche Richtung, hast du einen tollen Blick auf die beeindruckende Frankfurter Skyline. So nennt man den Blick auf die Hochhäuser. Es geht vorbei am Osthafen, der noch heute von der Industrie genutzt wird, bis zur historischen Gerbermühle, die schon für Goethe ein schönes Ausflugsziel war. Richtung Westen

Info

MAIN-RUNDFAHRT
60311 Frankfurt am Main
Die Touren starten vom Eisernen Steg.
Primus-Linie: www.primus-linie.de

Köln-Düsseldorfer Deutsche Rheinschifffahrt AG: www.k-d.com

fährst du direkt an den Hochhäusern, den schönen Bauten am Sachsenhäuser Museumsufer und der Uniklinik vorbei bis zur Schleuse bei Griesheim.

Der Main ist 524 Kilometer lang!

Durchfahrt bis zum Schwarzen Meer

Ein wichtiger Handelsweg ist der Main auch heute noch. Wie du auf der Bootsfahrt bemerken wirst, fahren nicht nur Ausflugsschiffe auf dem Main. Der früher flache Fluss wurde durch zahlreiche Eingriffe der Menschen vertieft: Durch Ausbaggerungen, Befestigungen und Schleusen können heute auch große Binnenschiffe fahren. Über den Main-Donau-Kanal transportieren sie ihre Fracht sogar von der Nordsee bis Rumänien, wo die Donau ins Schwarze Meer mündet!

56

Dippemess, oder: WAS DRÜCKT DICH SO FEST IN DEN KARUSSELLSITZ?

Nicht so berühmt wie das Münchner Oktoberfest, dafür aber zweimal im Jahr ist das Frankfurter Volksfest. Es hat alles, was ein richtiger Rummel braucht – viele Buden, spektakuläre Fahrgeschäfte und vor allem einen lustigen Namen, nämlich Dippemess.

Wenn du gerne mal Autoscooter fährst, dich in der Geisterbahn gruselst, auf dem Karussell deine Runden drehst und den Duft von Zuckerwatte und Popcorn liebst, dann bist du auf einem Volksfest richtig. Wie jede ordentliche Großstadt feiert auch Frankfurt regelmäßig so ein Fest. Dieses Fest, die Dippemess, findet sogar zweimal im Jahr statt: Im April dauert es zwei Wochen, im September eine.

Fliehkraft und Beschleunigung sorgen für Kribbeln im Bauch !

Looping in 50 Meter Höhe

Ob im Frühjahr oder im Herbst, auf der Dippemess steht Frankfurt Kopf: zum Beispiel im Eclipse, einer Gondel, die an einem riesigen Dreharm Loopings schlägt, oder im Transformer, der aussieht wie aus einem Science-Fiction-Film und die Fahrgäste wie in einer überdimensionalen Wäscheschleuder rotieren lässt. Wenn dir das alles zu verrückt ist, gibt es aber auch Kettenkarussells oder die Kinder-Achterbahn, die ganz gemütlich durch eine Westernlandschaft rumpelt. Und natürlich unzählige Losverkäufer, Schießbuden und Buden mit anderen Gewinnspielen, bei denen du mindestens so viel Glück wie Geschicklichkeit brauchst.

Es lohnt sich, deinen Besuch am Familien- oder Kindertag zu planen, denn da gelten reduzierte Preise bei vielen Fahrgeschäften. Große Zelte wie auf dem Oktoberfest findest du nur auf der Frühjahrsveranstaltung, reichlich Stände

Flying-Swing
KINDER UNTER 8JAHREN

mit Essen und Trinken aller Art gibt's aber auch im Herbst. Und zum Abschluss zünden die Veranstalter immer ein tolles Feuerwerk.

Wo die Leute ihre Bembel kauften

Aber woher kommt dieser komische Name? Im Mittelalter kamen Töpfer zum Beispiel aus dem Kannenbäckerland im Westerwald zum Jahrmarkt nach Frankfurt. Dort boten sie ihre Krüge, Becher und Töpfe, auf Hessisch *Dippe,* an. So bekam der Jahrmarkt den Namen Dippemess. Lange fand sie mitten in der Stadt auf dem Römerberg statt. Erst in den 1960er-Jahren wurde das Fest so groß, dass es an den jetzigen Platz am Ratsweg umziehen musste. Auch heute gibt es noch immer Marktstände mit Modeschmuck, T-Shirts, Spielzeug und Krimskrams aller Art – und mindestens einen Stand, der auch die typischen Bembel verkauft: Das sind die grau-blau glasierten Krüge aus Steingut, aus denen die Frankfurter gerne ihren Apfelwein trinken.

Info

DIPPEMESS IM FRÜHJAHR UND HERBST
Festplatz am Ratsweg
60385 Frankfurt am Main
www.frankfurt-tourismus.de

Der Fliehkraft-Kran

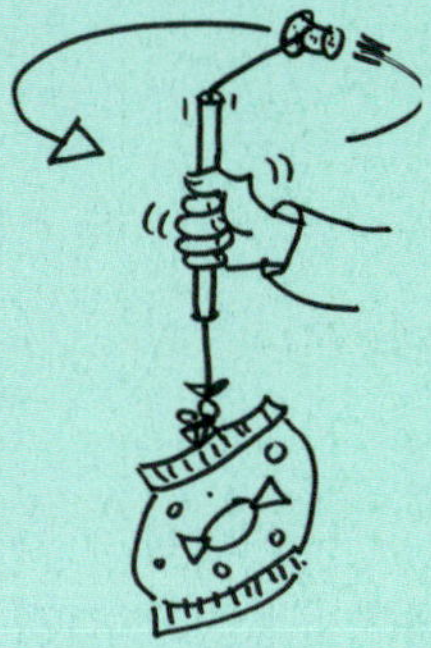

Bei fast allen Fahrgeschäften auf dem Rummelplatz dreht man sich irgendwie im Kreis. Dabei zieht dich die sogenannte Fliehkraft oder Zentrifugalkraft nach außen – umso stärker, je schneller man sich dreht – und drückt dich so in den Sitz. Ein irres Gefühl! Wie stark diese Kraft sein kann, kannst du mit diesem Experiment selbst ausprobieren.
Du brauchst dafür einen alten Sektkorken, etwa 50 Zentimeter Schnur, ein stabiles 15 Zentimeter langes Stück Plastikrohr (zum Beispiel die Hülse von einem alten Filzstift) und eine Klammer, zum Beispiel eine Wäscheklammer oder eine Aktenklammer aus Metall. Binde die Schnur an den Korken, fädle sie durch die Hülse und binde sie an die Klammer. Fertig ist dein Fliehkraft-Kran! Die Schnur sollte ohne Widerstand in der Hülse gleiten können.

EXPERIMENT

Jetzt kann das Experiment losgehen: Ob du mit dem nur wenige Gramm leichten Korken wohl einen viel schwereren Gegenstand, zum Beispiel eine Bonbontüte mit 100 Gramm Füllung, hochheben kannst? Leg die Tüte auf den Tisch, befestige die Klammer daran, halte die Plastikhülse in einer Hand und fange an, den Korken an der Schnur wie ein Karussell durch die Luft kreisen zu lassen! Wenn der Korken schnell genug rotiert, zieht die Fliehkraft die Schnur durch die Hülse und die Bonbontüte hoch. Lässt du den Korken zur Ruhe kommen, sinkt die Tüte wieder auf den Tisch. Probiere aus, was du mit dem Fliehkraft-Kran alles hochheben kannst! Jetzt verstehst du bestimmt auch, warum das Kettenkarussell so dicke Ketten an den Sitzen hat und jedes Jahr vom TÜV überprüft wird.

Bildnachweis

Martin Krautter: S. 11; 12; 14 l.; 19; 21 l. o.; 21 r.; 25; 26 l.; 29; 37; 39; 41; 45; 49 (Freies Deutsches Hochstift–Frankfurter Goethe-Museum/Martin Krautter); 53; 54; 61 l., r.o.; 65; 69; 71; 73 kl.; 74 r.; 77; 79 kl.; 80 l.; 83 o., u.l., u.m.; 87; 88; 91 kl.o., kl.m.; 93 o.; 97; 103; 111 o.l.; 113 l.; 115; 117 o., u.r.; 121; 123; 127 gr.; 143; 145 u.l.; 151 o.; 153; 155 l., r.u.; 159; 160; 165; 166

Wanda Krautter: S. 21 l.u.; 33 o.; 34 l.; 43; 47; 57 kl.o.; 63 l.; 79 gr.; 83 u.r.; 93 u.; 95; 99 o.; 100; 105 u.; 109 o.; 111 o.r., u.; 113 r.; 117 u.l.; 127 kl.; 131; 137; 138; 141 u.l.; 145 u.r.; 163

Außerdem: S. 9: HMF/Petra Welzel; S. 14 r., 15, 16: Senckenberg; S. 23: Deutsche Börse AG; S. 26 r.: Geldmuseum der Deutschen Bundesbank; S. 30: Städel Museum; S. 33 u., 34 r.: Bert Bostelmann/Museum für Kommunikation Frankfurt; S. 50: Geobasis © Stadtvermessungsamt Frankfurt am Main; S. 51 gr.: Deutsche Bahn AG/Holger Peters; S. 51 kl.: DE-CIX; S. 57 gr., kl.u., 58: Saalburg/Claudia Rothenberger; S. 61 r.u.: Burgverein/Jörg Strobel; S. 63 r.: Hessenpark/Christoph Gahmann; S. 67: Helaba PR; S. 72: Zoo Frankfurt/Sascha Klacke (o.), Detlef Mîbius (u.); S. 73 gr.: Zoo Frankfurt/ Michael Leibfritz; S. 74 l.: Zoo Frankfurt/Jürgen Kircher; S. 80 r: Palmengarten; S. 85, 151 u.: Historisches Museum Frankfurt/Horst Ziegenfusz; S. 91 gr., kl.u.: Archiv Opel-Zoo; S. 105 o.: Fun Forest GmbH; S. 107, 119: BäderBetriebe Frankfurt GmbH; S. 109 u.: Michael Wicander; S. 125: Stadt Frankfurt am Main/Stefan Maurer; S. 129: Stadt Langen; S. 133: VGF; S. 141 o., u.l.: Klassikstadt GmbH; S. 145 o.: Michael Kip; S. 147 o.: Oper Frankfurt; S. 148: Oper Frankfurt/Barbara Müller; S. 147 u.: Oper Frankfurt/Wolfgang Runkel; S. 155 r.o.: Historische Eisenbahn Frankfurt e. V. (HEF); S. 157: Papageno Musiktheater/Antje Preiss (o.), Cornelius Malerczyk (u.)

Impressum

Bibliografische Information der Deutschen Nationalbibliothek
Die Deutsche Nationalbibliothek verzeichnet diese Publikation in der Deutschen Nationalbibliografie; detaillierte bibliografische Daten sind im Internet über http://dnb.d-nb.de abrufbar.

Lektorat: Kirsten Witte-Hofmann, Leipzig
Satz und Gestaltung: Droste Verlag
Druck und Bindung: Gutenberg Beuys Feindruckerei GmbH, Langenhagen
ISBN 978-3-7700-2073-7
www.drosteverlag.de